왜 함부로 만지고 훔쳐볼까?

왜 함부로 만지고 훔쳐볼까?

사이토 아키요시 **지음**

서라미 **옮김**

**성추행범의 심리를
완벽하게 꿰뚫어 보는 법**

인물과
사상사

추천의 말

내가 진료하는 병원이 법원 근처라 주변에 변호사 사무실도 많고, 그래서인지 법적인 문제로 고통을 겪고 있는 사람들을 자주 본다. 변호사가 직접 "정신과에 가서 한번 진단을 받아보라"고 권해서 왔다는 사람도 있다. 그러다 보니 성범죄로 찾아오는 이들도 종종 만나게 된다. 진료실 문을 열고 들어오는 그들은 여느 평범한 직장인의 모습과 전혀 다르지 않다. 짙은 색깔 정장을 입고, 속에는 깔끔하게 다린 와이셔츠를 받쳐 입었다. 스트레스를 받아서인지 넥타이는 매지 않았거나, 풀어 헤치고 있는 경우가 많지만 말쑥한 차림에 얼굴도 전혀 흉악하거나 음흉해 보이지 않았다. 겉으로는 성범죄를 저질렀다는 어떤 단서도 찾을 수 없었다.

왜 그런 범죄를 저질렀는지 사연을 듣다보면 죄는 미워

해도 사람을 미워하지 말라는 옛이야기를 따를 수밖에 없게
된다. 어린 자녀가 있는 가장부터 홀어머니를 모시고 사는 미
혼의 장남도 있고, 지방에서 살다가 서울에서 직장을 얻어 혼
자 열심히 살고 있는 청년도 있었다. 그들의 개인적 삶은 착실
하고 성실했다. 왜 그런 범죄를 저질렀느냐고 물으면 "회사
일 때문에 스트레스가 너무 심했는데 우연히 몰래 도촬하고
그것을 들여다보면서 쾌감을 얻었다"라며 스트레스를 원인
삼았고, "그냥 여자의 몸을 더듬기 시작했는데 나도 모르게 중
독이 된 것 같다"며 마음의 병이 생겨서 끊을 수 없었다는 사
람도 있었다. 명백한 성범죄도 있지만 억울함을 호소하는 이
도 있었다. "회식 자리에서 우연히 부하 여직원의 손을 잡았
는데, 그것 때문에 고발당했다"며 분해서 괴롭다는 것이다.

성범죄를 저지른 사람들의 심리를 들으면서 풀리지 않
았던 의문들이 있었는데, 이 책을 읽으면서 "아, 그렇구나" 하
고 배우게 된 지점이 많았다. 사실 이런 문제는 정신과 의사가
흔히 다루는 영역이 아니다 보니 경험이나 배움이 부족한 게
사실이다. 저자가 직접 접한 성추행범들의 임상 사례와 통계
그리고 행위의 기저에 깔린 심리 기제에 대한 설명을 읽으면
서 성범죄자의 심리를 다른 차원에서 볼 수 있게 되었다. 무엇

보다 이들을 단죄하는 데에만 그칠 것이 아니라, 성범죄자의 심리를 살피면 재범의 가능성을 낮출 수 있다는 것을 다시금 확인할 수 있었다.

명백한 범죄를 심리 문제로 환원해서 면죄부를 주려는 것이 아니다. 다만 그들을 다층적으로 이해하면 그들의 행위도 변하고, 다시 범죄를 저지를 위험도 줄어들 수 있다는 것이다. 성추행을 저지른 이에게 책임을 분명하게 묻되, 그 행위에서 벗어나려는 이에게는 충분하고 적절한 조력이 제공되어야 한다는 것을 선명하게 보여주었다는 데 이 책의 의미가 있다.

●김병수, 정신건강의학과 의사

안녕하세요? 정신보건복지사이자 사회복지사인 사이토 아키요시斎藤章佳입니다. 저는 도쿄 오타구에 있는 오모리 에노모토 클리닉大森榎本クリニック에서 일합니다. 이곳에서는 알코올, 마약, 도박, 섭식 장애, 도벽 등 각종 의존증을 앓는 이가 중독에서 벗어나 건강한 일상으로 돌아갈 수 있도록 치료합니다. 동시에 성범죄자도 매일 마주합니다. 강간, 강제 추행, 소아 성범죄, 불법 촬영, 노출, 속옷 절도 등을 저지른 사람들입니다.

왜 의존증 클리닉에서 성범죄자를 만날까요? 상습적인 성범죄의 이면에는 성에 대한 중독 문제가 있기 때문입니다. '그렇게 무서운 사람들을 매일 만나면 힘들 텐데'라고 생각하는 분도 계시겠지요. 하지만 실제로 만나보면 그들은 놀랄 만큼 평범한 남성들입니다. 성범죄는 나와는 거리가 먼 일이라고 생각하는 분도 계실 것입니다. 하지만 그들이 일상과 일탈을 구분하지 못하고 문제를 일으키는 이유가 바로 여기에 있습니다. 그들이 평범한 사람이기 때문입니다. 가해자가 평범한 사람이라는 성범죄의 특징이 가장 두드러지게 드러나는 범죄가 성추행입니다. 성추행은 주로 출퇴근이나 등하교 등 반복되는 일상 가운데에서 발생합니다.

이 책은 일본 최초로 성추행을 전문적으로 다룬 책입니다. 수많은 성범죄 중에서도 왜 하필 성추행일까요? 그것은 성추행이 우리 곁에서 일어나는 일상적인 범죄이자 엄청난 수의 피해자를 양산하는 범죄이기 때문입니다. 가해자도 그만큼 많다는 뜻이지요. 제가 클리닉에서 만나는 성추행범은 체포되면서 범죄가 세상에 공개된 사람들이지만, 다른 수많은 성추행범은 여전히 체포되지 않은 채 또는 체포되었지만 풀려난 뒤 이를 대수롭지 않게 여기며 성범죄를 반복하고 있습니다.

수많은 사람이 성추행을 저지르지만, 대체 어떤 사람이 성추행범인지 알 수 없습니다. 겉으로 드러나는 특징이 없기 때문입니다. 그것이 성추행범의 특징입니다. 그런데 우리 사회에서는 괴물 같은 남성이 넘치는 성욕을 주체하지 못해서, 또는 여성에게 인기 없는 남성이 열등감을 이기지 못해서 범행을 저지른다고 성추행범의 이미지를 고착해왔습니다. 이런 인식으로는 성추행에 바르게 대처할 수 없습니다.

저는 성추행이라는 일상적인 성폭력과 그것을 바라보는 일본 사회의 시선 속에 일본에서 일어나는 온갖 성범죄의 문제점이 응축되어 있다고 생각합니다. 성추행의 실태를 알고, 성추행범이 어떤 생각을 하고 무엇을 얻고자 하는지 아는 것이 성추행을 근절하는 첫걸음입니다.

성추행은 학습된 행동입니다. 그러므로 새로운 학습, 치료, 교육으로 멈출 수 있습니다. 성추행은 특히 재범률이 높은 성범죄로 알려져 있습니다. 자신의 죄를 뉘우치고 전문 의료 기관에서 치료를 받아 성추행에서 손을 떼는 사람이 늘면 성추행 발생 건수가 줄어들 것입니다. 이를 목표로 제가 일하는 클리닉에서는 2006년부터 일본 최초로 성추행 재범 방지 프로그램을 구축해 운영해오고 있습니다.

저는 이 책에서 지난 12년간 지켜보아온 성추행의 민낯을 보여주려 합니다. 성추행범으로 태어나는 남성은 없습니다. 성추행범이 되고 싶은 남성도 없습니다. 그들은 사회 속에서 성추행범이 됩니다. 그 실마리를 밝혀 성추행을 근절할 대책을 모색고자 합니다.

차례

제1장

성추행범은
누구인가?

일상 속의
범죄자들
●

성추행범이라고 하면 가장 먼저 떠오르는 것은 만원 지하철이다. 옴짝달싹할 수 없는 지하철 안에서 남성이 여성에게 동의를 구하지 않고 성적 접촉이라는 가해행위를 하는 성추행범의 이미지는 많은 사회가 공유하고 있다.

그러나 이는 현실에서 벌어지는 성추행의 극히 일부다. 성추행 사건의 피해자는 여성만이 아니다. 일본 법무성이 발표한 2015년 통계에서 여성 피해자의 강제 추행 인지 건수를 보면, 인구 10만 명당 인지 건수가 2005년 8,534건(피해 발생률 13퍼센트), 2009년 6,577건(피해 발생률 10퍼센트), 2014년

7,186건(피해 발생률 11퍼센트)로 나타났다. 같은 시기 남성 피해자의 인지 건수는 217건, 111건, 214건으로 피해 발생률은 0.3퍼센트 정도다. 매년 남성도 강제 추행 피해를 겪고 있지만 이것만으로 남성의 성추행 피해 실태를 파악하기는 무리다.

강제 추행이 성추행의 전부는 아니다. 일본에서는 성추행을 민폐방지조례 위반으로 보는 경우가 많기 때문이다(강제 추행이란 피해자의 의사에 반하는 추행을 함으로써 피해자의 성적 자유를 침해하고 피해자에게 성적 수치심을 불러일으키는 행위를 말하며 일본 형법에서 강제 외설죄라고 명시한 범죄다. 반면 민폐방지조례란 대중에게 폐를 끼치는 폭력적이고 불미스러운 행위를 방지하고 주민 생활의 평온을 유지할 목적으로 정한 조례를 말한다.—옮긴이). 옷이나 속옷 위로 만졌는가 아니면 속옷 안에 손을 넣었는가를 판단 근거로 삼아 전자는 민폐방지조례를 적용하고, 더 죄질이 나쁘다고 판단한 후자에는 강제 외설죄를 묻는다. 치마 속을 불법 촬영한 범죄자에게도 민폐방지조례를 적용한다.

법무성 자료에는 가해자의 성별이 드러나 있지 않다. 남성이 남성에게 또는 여성이 남성에게 가한 성범죄도 있을 수 있다. 강간 가해자도 성별이 표기되어 있지 않은데, 2017년 개정형법이 시행되기 전까지만 해도 일본에서 강간은 "남성의 성기를 여성의 성기에 삽입하는 것"을 전제로 한 범죄였으므로 남성은 범죄 대상이 될 수 없었기 때문이다.

강제 추행 가해자의 성비는 알 수 없으나 이 자료의 전체 조사 대상을 보면 가해자 중 남성은 1,788명, 여성은 3명이다. 비율로 따지면 남성은 99.8퍼센트지만 여성은 0.2퍼센트에 불과하다.

강간 피해 남성은 분명 존재한다. 남성은 성범죄를 당하지 않는다는 인식이 강한 사회일수록 성범죄 피해를 호소하는 남성이 많다는 지적도 있다. 일본 형법이 개정되고 강간죄가 강제 성교 등에 관한 죄(일본 최고재판소는 성적 피해에 관한 사회 인식의 변화를 반영하기 위해 2017년에 강간죄를 폐지하고 강제 성교 등에 관한 죄를 신설했다. 강제 성교 등에 관한 죄는 기존의 강간 죄와 달리 피해자의 성별에 구분을 두지 않고 법정형을 3년에서 5년으로 상향 조정했으며 비친고죄인 것이 특징이다. -옮긴이)로 바뀌면서 항문이나 구강에 강제로 성교 유사 행위를 하는 것도 성범죄에 포함되었다. 앞으로는 남성 피해 실태도 구체적으로 밝히고 대책을 마련해야 한다.

그러나 성범죄 피해자 중에 남성이 존재한다고 해도, 여전히 압도적인 비율을 차지하는 것은 여성이다. 수가 적다고 가볍게 보는 것은 아니지만, 이 책에서는 특별한 언급이 없는 한 남성이 여성을 성추행한 것을 다루고자 한다.

성추행이 발생하는 장소도 지하철만이 아니다. 거리에서 벌어지기도 하고, 영화관이나 서점을 선호하는 성추행범도 있다. 워터 파크나 공연장 등 사람이 많이 모이는 곳도 위험하기는 마찬가지다. 역이나 쇼핑몰의 엘리베이터 또는 에스컬레이터에서 스쳐 지나가듯 성추행하는 사례도 많다. 성추행범의 시선으로 보면 모두 만지기 쉽고 들키기 어려운 장소와 상황이다.

영화관을 구역 삼아 활동하는 성추행범은 여성 관객이 많이 찾는 멜로 영화를 골라 어둠 속에서 범행을 저지른다. 인파가 밀집한 장소에서는 피해 사실을 재빨리 인식하기가 어려우므로 영화관이나 공연장, 서점이 성추행범에게는 최적의 장소가 된다. 워터 파크에 가본 여성이라면 인공 파도를 탈 때나 풀장 가에서 모르는 사람과 스쳤을 때, 찝찝하지만 '기분 탓이겠지'라고 대수롭지 않게 넘긴 경험이 있지 않은가? 성추행범은 이런 심리를 이용한다.

거리를 선호하는 성추행범 중에는 깔창이 두꺼운 신발을 신어 발소리를 감추고 몰래 여성에게 다가가 목적을 달성한 다음 도주하는 자도 있다. 이들은 일부러 어두운색 옷을 입어 눈에 띄지 않게 범행을 저지른다.

성추행범 중에는 성실한 사람이 많아서, 범행 현장으로 낙점한 곳을 사전 조사하거나 미리 도착해 준비하는 예도 드물지 않다. 이들이 가장 신경 쓰는 것은 체포되지 않는 것이다. 도주 경로를 미리 확보하고 준비를 철저히 한 뒤 실행에 옮기기 때문에 피해 여성이 범인을 확인하지 못하거나 미처 신고하지 못하게 된다.

성추행이라는
범죄

이 책에서는 성추행을 다음과 같이 정의한다.

손 등 신체의 일부를 사용해 대상자의 신체에 의도적으로 접촉하거나 일방적으로 집요하게 밀착하는 행위.

성범죄, 특히 강간이나 강제 추행은 아는 사이에서도 자주 발생한다. 아는 사이란 가족이나 지인, 친구, 직장 동료나 상사 등을 가리킨다.

2015년 법무성 기록을 보면 검거된 강간범 중 면식범(친족 포함)이 절반을 차지한다. 면식범의 범행은 매년 증가 추세로, 1995년과 2014년을 비교하면 2배 이상 증가했다. 하지만 이 통계만 보고 면식범의 성폭력이 늘고 있다고 단순화해서는 안 된다. 피해자는 가해자와 가까운 사이일수록 일상이나 일, 인간관계에 미칠 영향 때문에 범죄를 드러내지 못하는 경향이 강하므로, 집계된 성폭력 건수가 곧 실제 성폭력 발생 건수라고 보기는 어렵다. 어쩌면 피해자들이 용기를 내 범죄를 드러내는 쪽으로 상황이 바뀌고 있음을 보여주는 결과인지도 모른다.

이에 비해 성추행(민폐방지조례 위반)은 어쩌다 같은 장소에 있게 된 생판 남, 가해자가 마음대로 하기 쉽다고 판단한 여성을 대상으로 저지르는 것이 대부분이다. 여성은 거리나 지하철 같은 공공장소, 워터 파크나 영화관에서 마침 그곳에 있었다는 이유만으로 피해를 볼 수 있다. 끔찍한 일이다.

같은 통계를 보면 강제 추행의 70퍼센트 이상이 '면식 없음', 즉 모르는 사이에서 발생한 것을 알 수 있다. 앞서 말했

듯 성추행범 중에는 민폐방지조례 위반으로 재판을 받는 사람도 있기 때문에 이 통계가 모든 성추행 사건을 반영한다고 볼 수는 없다. 또한 강제 추행 중 신체를 만지는 성추행의 비율이 얼마나 되는지도 알 수 없다. 그러나 성추행이 모르는 사람을 대상으로 예고 없이 이루어지는 폭력이라는 점은 확실하다.

알려진 것처럼, 성추행이 가장 많이 발생하는 장소는 지하철 안이다. 성추행이 어디에서 이루어지는지 파악하는 데 도움을 준 자료가 있다. 일본 경찰청이 2016년 도쿄 내에서 발생한 성범죄를 정리한 웹사이트를 보면 강간은 약 140건, 강제 추행은 약 800건, 성추행(민폐방지조례 위반)은 약 1,800건 발생했다. 이 통계는 민폐방지조례 위반을 성추행이라고 정의하고 강제 추행은 별도로 집계했기 때문에 실정과는 다소 차이가 있지만, 일단 참고는 할 수 있다.

성추행 발생 장소는 지하철이 52.7퍼센트, 역 19.4퍼센트, 가게 안 11.5퍼센트, 거리 8.8퍼센트, 상업 시설 1.8퍼센트, 버스 0.5퍼센트, 기타 5.3퍼센트였다. 한눈에 보아도 지하철이 절반을 넘는다. 버스와 비교하면 100배가량 차이가 난다. 하지만 성추행 피해를 신고하려고 할 때, 역마다 역무원이 있는 지하철과 달리 버스 정류장에는 담당자가 없어서 신고하기 어렵다. 신고가 어려워 발생 건수가 적게 집계되는 것은 심각한 문제다.

이 책에서 성추행이라고 지칭할 경우, 지하철 안에서 발생한 성추행을 가리킨다. 내가 만난 성추행 재범 방지 프로그램 참여자도 약 50퍼센트가 지하철 안에서 성추행을 저지른 사람들이었다. 다른 장소에서 발생한 성추행에 대해서는 별도의 설명을 덧붙여 언급하겠다.

드러나지 않는
피해자

"2016년 한 해 동안 발생한 성추행(민폐조례방지 위반)은 약 1,800건"이라는 말을 들으면 어떤 생각이 드는가? 이 수치에 따르면, 도쿄라는 대도시에서 하루에 발생하는 성추행은 5건밖에 되지 않는다.

경찰청은 2010년부터 2014년까지의 성추행범 검거 상황 추이를 발표했는데, 민폐방지조례 위반자 중 성추행범 검거 건수(지하철 내외 모두 포함)와 지하철 내 강제 추행 인지 건수가 가장 많았던 해는 2012년으로 4,250건이다. 통계가 맞는다면, 2012년에 일본 전체에서 발생한 성추행은 하루 평균 약 12건에 불과하다는 말이다. 성추행이 하루에 1건도 발생하지 않은 지역도 많다는 계산이 나온다.

이 성추행 발생 건수는 현실을 제대로 반영하지 못한다. 만약 성추행 피해를 본 여성이 한 명도 빠짐없이 경찰에 신고해 범인이 검거되었다면, 그 수는 엄청날 것이다. 2010년 경찰청이 도쿄, 나고야, 오사카에 거주하며 지하철로 통근이나 통학을 하는 16세 이상의 여성 2,221명을 대상으로 조사한 결과, "지난 1년 사이에 지하철 안에서 성추행을 당했다"라고 응답한 여성이 304명에 달했다. 응답자의 13.7퍼센트에 해당하는 수치다. 그중 "성추행을 당해도 경찰에 신고하거나 상담을 받지 않았다"라고 응답한 사람은 271명으로 피해 여성의 90퍼센트에 이른다.

도쿄, 나고야, 오사카 같은 대도시의 출퇴근 러시아워는 누군가에게는 공포의 시간이지만 성추행범에게는 인파에 섞여 아무도 모르게 범죄를 저지를 절호의 기회다. 그렇다면 혼잡하지 않은 지하철에서는 성추행이 발생하지 않을까? 꼭 그렇지도 않다. 차내가 혼잡하면 도망치기 어렵다는 이유로 만원 지하철을 피하는 성추행범도 있기 때문이다.

성추행범 1명 때문에 생기는 피해자는 1명이 아니다. 한 여성을 표적으로 정하고 범행을 반복하는 성추행범도 있지만 매번 다른 여성을 노리고 성추행을 저지르는 사람이 압도적으로 많다.

미국의 정신과 의사 진 에이블Gene Abel은, 성범죄자 1명이 평생에 걸쳐 평균 380명의 피해자를 양산한다는 연구 결과를 발표했다. 여기에는 강간과 강간 치사도 포함되어 있다. 그러나 성추행범 중에는 매일 다른 여성에게 성추행을 저지르는 이도 있으므로 피해자 수만 놓고 보면 이보다 많은 피해자를 양산한 성추행범도 있을 것이다. 체포되기 전까지 본인조차 헤아릴 수 없을 만큼 수없이 성추행을 저지르는 이들이 있다. 이들을 생각하면 "피해자는 하루 평균 12명"이라는 통계가 현실과 얼마나 동떨어진 것인지 알 수 있다.

성추행 대국을
만드는 요인들

일본만큼 대중교통 내에서 성폭력이 빈번하게 발생하는 나라는 많지 않다. 최근 영국에서는 지하철 내 성추행 발생 건수가 많아지자 전문 훈련을 받은 팀이 대책을 모색하고 있다고 한다. 일본에서는 예전부터 성추행이 사회문제로 제기되었는데도 대책이 거의 없는 실정이다.

일본은 성범죄 가해자의 재범 방지 대책에도 뒤처져 있다. 교도소에서 성범죄 재범을 낮추기 위해 프로그램을 시작한 것은 2005년이다. 2004년에 발생한 나라 초등학교 1학년 여아 살해 사건(2004년 일본 나라시에서 미성년자 강제 추행 전과자 남성 K가 초등학교 1학년 학생을 유괴한 뒤 잔인한 수법으로 살해해 일본 사회를 충격에 빠뜨렸다. 이 사건을 계기로 성범죄자 신상 정보 공개 필요성이 제기되었고, 일본 교도소 내에 성범죄 재범 방지 프로그램이 도입되었다.-옮긴이)을 계기로 도입된 제도다. 어린 생명을 잔혹하게 앗아가고 그 죽음조차 모욕한 범인이 과거에도 유아를 강제 추행한 전과가 있다는 사실이 알려지면서 당시 고이즈미 내각이 프로그램 정비를 서둘렀다. 프로그램이

합리적인지는 뒤에서 살펴보겠다.

프로그램을 설계하는 과정에서 교도소는 캐나다 사례를 참고했고 보호관찰소는 영국 사례를 참고했다. 모두 성범죄 재범 방지 선진국으로 손꼽히는 나라다. 그러나 캐나다와 영국이 실시하는 교도소 내 재범 방지 프로그램에 성추행범에 대한 언급은 거의 없다.

성폭력 재범 방지 선진국이라는 말은 그만큼 성폭력 문제가 심각했다는 말과 같다. 캐나다와 영국에서 벌어진 주요 성범죄는 강간이었고, 살인으로 발전한 예도 적지 않다. 그래서 강간이나 죄질이 나쁜 강제 추행을 저지른 이의 재범 방지를 중요하게 여겼다. 그러나 공공장소에서 모르는 여성에게 동의 없이 성적 접촉을 하는 성추행은 심각하게 받아들이지 않은 듯하다.

그렇다면 10년 이상이 지난 지금, 일본에서 성추행에 관한 연구가 제대로 진행되고 있는가 하면, 유감스럽게도 그렇지 않다. 성추행에 관한 전문 서적도 없고, 매일 수많은 피해자를 양산하는 범죄인데도 관련된 연구가 없다. 그만큼 성추행이라는 범죄는 경시되고 있고, 그 결과 지금까지 수많은 성추행 사건이 방치되었다.

그 배경에는 성추행 피해를 가볍게 여기는 사회 분위기가 있다. 성추행 피해 사례를 말하면 "엉덩이 만진 정도 가지고 뭘", "소란 피울 일 아니야", "그런다고 닳는 것도 아닌데"라는 말을 자주 듣는다. 몹시 불합리한 생각이다. 피해가 얼마나 심각한지는 제삼자가 판단할 문제가 아니기 때문이다.

대중교통을 이용한다는 이유만으로 모르는 사람이 성적인 접촉을 하는 것은 그 자체로 공포다. 개인의 안전 영역을 동의 없이 침범한 것이므로 무서운 것이 당연하다. 성추행 피해를 본 뒤로 지하철을 탈 수가 없게 되었다거나 통근이나 통학을 할 수 없게 되었다, 직장을 그만두었다, 사회생활이 너무 힘들어졌다고 느끼는 여성은 세상에 드러나지 않았을 뿐 상당히 많다.

게다가 현실에서는 엉덩이를 만지는 정도로 그치지 않는 경우가 많다. 속옷 안에 손을 넣거나, 한 여성을 집단으로 추행하거나, 다른 사람의 눈길이 닿지 않는 곳에서 추행을 계속하는 등 매일같이 비열한 악질 행위가 벌어지고 있다.

사회가 성추행 피해를 대수롭지 않게 보고 덮어둘 때, 가장 기뻐할 사람은 누굴까? 성추행범이다. 피해를 가볍게 여기는 것은 성추행에 가담하는 것과 같다. 성추행 실태를 제대로 밝히지 않았을 때 가장 기뻐하는 사람 역시 성추행범이다. 성추행을 막으려면 그들을 체포하는 수밖에 없다는 것은 뒷장에서 자세히 살펴보겠다.

사회가 성추행 실태를 제대로 인지하지 못하기 때문에 효과적인 대책을 마련하지 못해 체포로 이어지지 못하고, 결과적으로 일본이 성추행 대국이 되었다고 생각한다. 부끄럽게도 일본에 성추행이 만연하다는 사실은 세계적으로 유명해서, 치칸chikan(치한痴漢의 일본어 발음이다. 일본에서는 성추행범이라는 표현보다 치한이라는 표현이 보편적이다.−옮긴이)이라는 말이 세계적으로 통할 정도다. 치칸은 쓰나미와 라멘에 이어 또 하나의 세계어가 되었다.

인터넷에는 일본 아이돌이 출연하는 성인 콘텐츠가 넘쳐나 세계 어디에서든 쉽게 내려받아 볼 수 있다. 그중에는 '치한물痴漢物'이라는 장르도 있어 일본이라고 하면 치한을 연상하는 데 톡톡히 이바지하고 있다.

공부나 일 때문에 일본에 장기 체류하다가 성추행을 배운 외국인도 있다. 일본에서 일하다가 결혼해서 가정을 꾸린 외국인 남성이 일본에서 사회생활을 하는 중 성추행 행위를 배워 범행을 반복한 것을 여러 차례 목격했다. 그들은 법정에

서서 "모국에서는 그런 일을 한 적 없습니다", "일본에 와서 배웠습니다"라고 말한다. 심지어 성추행을 하려고 일부러 도쿄를 방문한 외국인도 있다고 들었다.

성추행 천국이라는 오명을 씻고 누구나 안심하고 지하철을 탈 수 있으려면 성추행범이 왜 성추행을 저지르는지, 그 행동으로 무엇을 얻는지, 어떻게 하면 멈추게 할 수 있는지 알아야 한다. 이것이 성추행을 없애는 지름길이다.

왜 하필
지하철일까?

왜 유독 성추행이 횡행하는 나라가 있는 것일까? 무엇보다 성추행을 저지르기 쉬운 환경이 마련되어 있기 때문이다. 그중 으뜸이 만원 지하철이다. 거듭 말하지만, 만원 지하철 안에서만 성추행이 벌어지는 것은 아니다. 그러나 지하철이 혼잡할수록 성추행을 저지르기에 적당한 환경이 조성되는 것은 사실이다. 경찰청이 공개한 도쿄 내 성범죄의 시간별 발생 추이를 보면, 성추행 행위(민폐방지조례 위반에 해당하는 성추행)는 오전 7~9시, 통근과 통학으로 붐비는 러시아워에 현저히 많이 발생한다. 그 시간대가 끝나면 발생 건수가 급속히 줄었다가 저녁부터 다시 증가한다.

　　일본 대도시의 지하철 혼잡도는 비정상이라고 말해도 과하지 않다. JR히가시니혼東日本이 발표한 「2016년도 각 역의 승차 인원」에 따르면, 이용자 수가 많기로 기네스북에 등재된 신주쿠역은 하루 평균 약 77만 명이 이용한다. 고이케 유리코 小池百合子 도쿄도지사는 2016년 도지사 선거 공약 중 하나로 만원 지하철 해소를 내걸기도 했다.

　　많은 사람이 옴짝달싹 못 하는 지하철은 비정상적인 공간이다. 흔들리는 지하철 안에서 모두 바싹 붙어 있다. 내가 매일 출근길에 타는 지하철에도 사람이 어찌나 많은지, 뒷사람에게 밀려서 차 안에 '넣어' 진다. 물건 취급당하는 기분이 든다. 엄청난 스트레스를 받지만, 출근하려면 그 지하철을 타지 않을 도리가 없다. 그런 공간에서 개인은 익명의 존재가 된다. 저마다 이름과 인격이 있고 가정과 직장에서 나름의 역할과 직위가 있지만, 혼잡하기 이를 데 없는 만원 지하철 안에서는 수많은 사람 중 한 명에 지나지 않는다. 남이 나를 모르고, 내가 남을 모르는 환경에서는 책임 소재가 불분명해져 성추행범이 유리해진다. 성추행이 가장 많이 발생하는 공간이 지하철인 이유가 여기에 있다.

나는 재범 방지 프로그램 참여자에게 왜 성추행을 되풀이했는지 돌이켜보게 하는데, 이따금 "지하철이 만원인 게 문제"라고 답하는 이들이 있다. 그러나 지하철이 만원이라고 누구나 성추행을 저지르지 않는다. 만원 지하철이 성추행의 온상임은 분명하지만, 지하철을 가해의 원인으로 지목하는 것은 책임을 전가하기 위한 변명일 뿐이다.

성실한 그의
다른 얼굴

성범죄 관련 보도를 보면 가해자의 특수성만 강조하는 경우가 많다. 얼마나 성욕이 왕성했는지, 얼마나 비정상적이고 이상한 사람이었는지 이야기한다. 그런 인물 묘사를 보면 성범죄자를 일반인과는 거리가 먼 괴물 같은 존재라고 여길 수밖에 없다. 여성이라면 자기 주변에 그런 사람이 없다는 사실에, 남성이라면 자신이 그런 사람이 아니라는 사실에 안도

한다. 성범죄자가 어린 시절 자라온 환경에 문제가 있었다는 기사도 단골로 등장한다. 어린 시절에 학대, 특히 성적 학대를 당해 성폭력에 휘말리게 되었고 그 경험이 그를 범행으로 이끌었다는 내용이다.

성범죄자 중에 그런 과거가 있는 사람도 없지는 않다. 그러나 내가 지금까지 만난 성범죄자들은 어디에나 있는 지극히 평범한 남성이었다. 단란한 가정을 꾸리고 가족을 위해 열심히 일하며 성실하게 사회생활을 하는 사람들로, 범행이 발각되었을 때 주변 사람들이 입 모아 "설마 그 사람이 그럴 줄은 몰랐다"라고 말할 만한 인물들이다.

특히 성추행범은 평범한 사람이 대부분이다. 부모님의 축복 속에 태어나 부족할 것 없는 어린 시절을 보내고 대학교를 졸업한 뒤 취직하고 결혼해 자녀를 둔 남성으로, 외모도 평범하다. 성범죄자라고 하면 떠오르는 이미지와는 거리가 먼, 약하고 섬세해 보이는 유형이 많아서 여성에게 해를 끼칠 것이라고 상상하기 어려운 사람도 많다. 아내, 부모, 자녀, 친구, 회사 동료 중 누구도 그가 성추행을 저질러 여성들에게 폐를 끼쳤으리라고는 상상하지 못한다. 이것이 성추행범의 특징이다.

지하철을 탔을 때 난폭해 보이는 남성이 등 뒤에 선다면 그 남성이 실제로 어떤 사람인지와 상관없이 경계하고 조심하지만, 특별할 것 없어 보이는 평범한 남성은 그다지 경계하지 않는다. 여성에게 경계심을 유발하지 않는 그 특징이 성추행범에게는 큰 이점으로 작용한다. 만원 지하철이라는 익명의 공간 안에서 비열한 욕망을 거리낌 없이 발산할 수 있게 해주는 것이 바로 '어디에나 있을 법한' 인상이다.

성추행범
프로파일링
●

내가 일하는 클리닉에서는 12년 동안 성범죄자를 대상으로 재범 방지 프로그램을 진행해왔다. 지금까지 약 9,000명이 프로그램에 참여했다. 그중에는 강간범이나 아동 성범죄자부터 성추행, 불법 촬영, 노출, 속옷 절도까지 다양한 범죄를 저지른 사람이 포함되어 있다. 2006~2016년 참여자의 구성비는 접촉 도착증·강제 추행이 46퍼센트, 관음증이 23퍼센트, 노출증이 7퍼센트, 소아성애가 4퍼센트, 인터넷 만남과 성매매 등 기타 강박적 성행동이 15퍼센트, 페티시즘이 5퍼센트였다. 절반 가까이 차지한 접촉 도착증이란 성 의존증의 하나로, 진단 기준은 다음과 같다.

- 최소 6개월에 걸쳐, 동의 없이 타인을 만지거나 자신의 신체를 타인에게 문지르고 강렬한 성적 흥분을 느껴 공상으로 연결하거나 충동과 행동으로 반복해서 드러낸다.
- 동의를 구하지 않은 타인에게 성적 충동을 느껴 실행에 옮긴 적이 있고, 그 성적 충동이나 공상 때문에 고통을 느껴 사회적·직업적 또는 기타 중요한 영역에서 기능 장애를 일으킨다.

이러한 접촉 도착증은 강제 추행에 포함된다. 성추행 재범 방지 프로그램에 참여했던 사람들의 나이를 살펴보면 30대가 39퍼센트로 가장 많았다. 그다음이 40대 28퍼센트, 20대 21퍼센트, 50대 7퍼센트, 10대 3퍼센트, 60대 2퍼센트순이었다. 체포 경험이 있는 사람이 59퍼센트, 수감 경험이 있는 사람도 15퍼센트나 되었다.

나이 분포를 보면 30대가 가장 많고 40대와 20대가 뒤를 이었다. 그리고 약 75퍼센트가 체포된 후에 프로그램에 참

여했다. 대부분 상습범으로, 짧게는 몇 년부터 길게는 10여 년
에 걸쳐 성추행을 반복해서 저질렀다. 본인조차 헤아리지 못
할 만큼 많은 여성을 성추행한 것이다.

최근에는 청소년의 성범죄도 늘고 있다. 중학생 때부터
성추행을 시작하는 사람도 적지 않다. 어린 나이에 상습범이
되면 그때부터 피해자를 계속 양산해내게 된다. 되도록 빠른
시기에 보도補導하거나 체포해 치료받도록 하는 것이 중요하다.

하지만 역시 20~50대가 가장 많은데, 경제활동 인구의
대다수를 차지하는 이들 세대가 통근 시 지하철을 주로 이용
한다는 사실을 생각하면 이 결과는 당연하다. 그러나 퇴직 후
성추행을 시작한 사람도 드물지만 존재한다. 비교적 고령에
성추행을 시작한 이들의 말을 들어보면, 은퇴 후 사회적 역할
을 잃고 또는 아내와 이혼하거나 사별한 뒤에 찾아온 상실감
을 이기지 못해 성추행에 빠져들었다고 한다. 잃어버린 성 기
능을 되찾기 위해 성추행을 반복한 노인도 있었다. 업무 스트
레스가 쌓이면 문제 행동을 일으키기 쉬운데, 직장을 잃는 것
도 비슷하다.

하지만 여기서 거듭 강조하고 싶은 것은, 성추행을 저지
른 성범죄자 대부분이 "체포되지 않았다면 계속했을 것이다"

라고 말했다는 점이다. 한 번 체포되었다 해도 합의를 하거나 벌금형에 그치면 체포조차 통제 수단이 되지 못한다. 한동안 잠잠하다가 어느새 다시 성추행을 시작한다. 그렇다 해도 체포가 괴로운 경험이라는 사실은 분명하다. 그리고 치료로 이어질 수 있는 절호의 기회이기도 하다.

대졸, 회사원, 유부남

성추행 재범 방지 프로그램 참여자의 학력을 조사해보았더니, 참여자의 절반 이상이 대졸이었다. 대학원 졸업자까지 합하면 고학력자의 비율은 54퍼센트에 달한다. 2010년 인구 통계 조사에 따르면, 일본인 남성 중 대학교나 대학원을 졸업한 사람의 비율이 약 27퍼센트니 성추행범의 학력은 평균을 훨씬 웃도는 셈이다. 내가 접한 성범죄자를 대상으로 집계한 수치이기는 하지만, 국가 기록에도 성추행범은 "대학교 진학 비율이 33.2퍼센트로 교육 수준이 높다"라고 명시되어 있다. 성추행범은 지적 수준이 낮을 것이라는 고정관념은 옳지 않다.

직업으로는 회사원이 50퍼센트를 차지해 압도적으로 많았다. 성추행이 가장 많이 발생하는 장소는 지하철 안이다. 도시에 거주하는 사람이 출퇴근길에 가장 많이 이용하는 교통수단이 지하철이기 때문이다. 성추행은 일상 중에 벌어지는 범죄이므로 행동으로 옮기기까지 진입 장벽이 무척 낮다. 일상 안에 스며들어 있어 상습적으로 저지르기도 쉽다.

2015년 통계를 보면, 일반 범죄자는 34.8퍼센트가 피고용인·노동자고 실업자와 무직자는 31.2퍼센트였다. 그에 비해 강간범은 피고용인·노동자가 59.4퍼센트, 실업자와 무직자는 17.6퍼센트였다. 강제 추행범은 58.4퍼센트가 피고용인·노동자, 14.6퍼센트가 실업자와 무직자였다. 일반 범죄자보다 무직자가 적은 대신 피고용인·노동자가 많다는 사실을 알 수 있다. 이른바 월급쟁이들이다.

내가 면담한 성범죄자들을 대상으로 결혼 여부를 조사해보았더니 기혼 43퍼센트, 미혼 41퍼센트, 이혼 8퍼센트순이었다. 성범죄자의 절반은 기혼자였다. 성범죄는 여성을 만날 기회가 없는 사람이 저지를 것이다, 또는 성욕을 주체하지 못하는 사람이 저지르리라는 것은 편견이다.

내가 상담한 사례를 보면 남편이나 아들의 성추행 사실을 알게 된 가족이 무슨 방법이든 써보아야겠다 싶어 치료를 받게 한 것이 대부분이다. 그래서 유부남이 많은 것일 수도 있지만, 어쨌든 분명한 사실은 성추행 가해자는 미혼이고 여성을 만나지 못하는 사람이라고 단정해서는 안 된다는 점이다. 또 기혼 성추행범의 부부 관계에 대해서도 단언할 수 없다. 부부 생활과 성추행은 전혀 관계가 없다. 여기에 대해서는 제7장에서 자세히 살펴보겠다.

결혼한 성추행범 중에는 자녀를 둔 사람도 있다. 나는 자녀를 끔찍이 사랑하고 육아에 적극적으로 참여하는 성추행범을 심심치 않게 만났다. 딸을 둔 아버지도 있었다. 그들이 성추행한 여성도 누군가의 딸이고, 그녀에게도 아버지가 있을 것이다. 그 아버지의 심정을 헤아려보면 성추행을 끊을 수 있지 않을까 싶었지만, 그들은 공통적으로 공감 능력이 낮았다. 가해자에게 "만약 당신 딸이 그런 피해를 당했다면 어떻게 하겠어요?"라고 묻자 순간 강한 분노를 보였으나, 자기 딸에게도 그런 일이 일어날 수 있다고 상상하는 능력이나 피해자에게 사죄하는 마음은 느낄 수 없었다. 배우자나 자녀가 있어도 성추행을 반복하는 남성들이 있는 것이 현실이다. 강간범이

나 소아 성범죄자도 누군가의 남편이자 아버지다. 이러한 데
이터를 종합해보았을 때, 성추행범의 특징을 추려볼 수 있다.

　　4년제 대학교를 졸업하고 회사원으로 한창 일하는 기혼
　　남성.

　　이들은 어디에나 있다. 너무나 평범한 보통 남성이다.
즉, 평범한 남성도 계기가 생기면 성추행에 손을 뻗을 수 있다
는 말이다. 그들이 성추행을 시작하는 계기는 무엇일까? 같은
상황에 놓였을 때, 성추행하는 사람과 하지 않는 사람을 가르
는 것은 무엇일까? 다음 장에서 자세히 살펴보자.

제2장

성추행범
심리 해부

그들은
환자다

　나는 반복적으로 성추행을 저지른 끝에 나를 찾아온 남
성들을 '강제적 성 행동을 통제할 수 없는 성 의존증 환자'라
고 본다. 의존증이라고 하면 무엇이 떠오르는가? 의존증이라
고 하면 중독을 떠올리는 사람이 많다. 중독 대상으로는 마약,
술, 도박, 쇼핑 등을 떠올린다. 지금 머릿속으로 무언가를 떠
올렸다면 아마 자신이 그런 예에 해당하거나 주변에 그런 사
람이 있기 때문일 것이다. 세계보건기구WHO는 의존증을 다음
과 같이 정의한다.

정신에 영향을 미치는 화학물질을 섭취하거나 쾌감·고양
감을 동반하는 행위를 반복한 결과, 자극에 대한 갈망을
지속해서 억누를 수 없는 상태 또는 자극을 추구하는 행위
가 최우선이 되어 자극이 없으면 정신적·신체적으로 불쾌
한 증상이 나타나는 상태.

정신에 영향을 미치는 화학물질에 해당하는 것은 술이
나 마약이고, 쾌감·고양감을 동반하는 행위에 해당하는 것은
도박이라고 생각하기 쉽다. 마약은 별개로 치더라도, 술이나
도박은 개인의 건강과 일상생활, 인간관계에 지장을 주지 않
는 정도로만 즐긴다면 문제 될 것 없다. 퇴근 후 동료들과 술
잔을 기울이거나 가족, 친구들과 식사하며 반주를 즐기는 것
은 스트레스를 해소하는 좋은 방법이다. 취미나 기분 전환으
로 이따금 경마 같은 합법적인 도박을 할 수 있다.

그러나 도를 넘은 알코올 섭취는 건강을 해칠 뿐 아니라
가정 살림에도 지장을 준다. 가족이나 지인과의 인간관계도
서서히 파탄에 이른다. 도박도 지나치게 빠져들면 경제활동
의 균형이 깨진다. 돈을 빌려 도박판에 뛰어드는 지경이 되면
돈뿐 아니라 인간관계가 흔들리는 것은 물론이고 일을 계속하

는 것도 불가능해진다. 이처럼 의존증은 많은 것을 잃게 한다.

무언가에 의존하는 사람은 의지가 약하고 성격이 야무지지 못할 것이라는 생각은 편견이다. 악순환의 연속인 줄 알면서도 "한 잔만", "이번 한 번만"이라며 끊지도, 예전으로 돌아가지도 못하는 상태에 빠지게 되는 것이 의존증이다. 그 계기는 일상에 숨어 있다. 일이 잘 풀리지 않거나 소중한 사람을 잃는 등 살면서 누구나 한 번쯤 겪는 일을 계기로 내게는 먼일이라고만 생각했던 의존증에 한 걸음 다가서게 된다. 의존증에 걸리지 않을 것이라고 장담할 수 있는 사람은 아무도 없다.

도박 같은
중독성

의존증이라고 하면 알코올이나 마약처럼 물질에 의존하는 경우가 많다고 생각하지만, 연인이나 가족처럼 인간관계에 의존하는 예도 있다. 특히 후자는 과도한 속박과 학대, 가정폭력의 형태로 표출되기도 한다.

도박은 과정에 의존하는 예다. 일이나 SNS, 다이어트에 중독되는 것도 과정 의존증이다. 실제로 일중독자나 늘 다이어트 중인 사람은 주변에서 쉽게 만날 수 있다. 특별한 사람만 의존증에 걸리는 것은 아니다.

성추행 역시 과정 의존증에 해당한다. 불법 촬영, 속옷 절도 등을 통틀어 성 의존증이라고 하는데, 학대나 가정 폭력과 달리 성추행은 불특정 대상을 추행하는 과정에 탐닉하는 행위다.

섹스 의존증도 넓은 의미에서 성 의존증에 포함된다. 성 의존증 환자 중에는 범죄화하는 유형과 범죄화하지 않는 유형이 있는데, 섹스 의존증은 후자다. 불특정 다수와 섹스를 하면 성병에 걸리거나 원치 않는 임신을 할 위험이 크다. 성매매를 한다면, 도박과 마찬가지로 경제적 손실로도 이어진다. 그런데도 그 행위를 끊지 못하는 것은 심각한 의존증 때문이다.

여론을 떠들썩하게 했던 섹스 의존증은 남성이 많지만, 사실 섹스 의존증은 여성에게 더 많이 나타난다. 특히 약물의 존증을 앓았거나 성적으로 학대당한 경험이 있는 여성에게서 많이 발견된다. 불특정 다수와 성관계를 맺는 행위 자체가 그들에게 일시적인 심리적 안정을 준다. 심리적 고통이나 불안을 해소하기 위해 또는 트라우마에 대한 대처 행동으로 그들은 섹스 의존 행위를 끊지 못하고 반복한다.

이 외에 범죄화하지 않은 성 의존증 증상으로는 자위, 유흥업소 출입, 의상 도착증 등이 있고, 여장을 하며 흥분을 느끼는 남성도 있다. 불륜이나 외도를 멈추지 못하는 사람도 여기에 해당한다. 나는 그중에서 범죄행위가 되는 것, 성추행을 비롯해 불법 촬영과 관음, 속옷 절도 등을 묶어서 성기호 장애라고 부른다. 강간은 여기에 넣지 않고 성적 사디즘 카테고리 안에 넣어 치료 대상으로 분류한다. 성 의존증이라는 상위 개념 아래에 성기호 장애라는 하위 개념이 들어 있는 셈이다.

성 의존증의
7가지 특징

범죄화한 성 의존증, 즉 성기호 장애는 엄연히 타인에 대한 폭력이다. 그중 하나인 성추행 역시 타인의 신체적 안전 영역을 침해하는 폭력 행위다. 성추행을 저지르는 사람은 윤리 의식이 모자란 것이지 의존의 문제가 아니라고 생각하는 사람도 있다. 욕망에 끌려가 저지른 일을 무책임하게 병이라고 해

석하는 것은 기만적이라는 사람도 있고, 그냥 안 하면 되는 것
아니냐고 단순하게 생각하는 사람도 있다. 성추행을 포함한
성기호 장애의 정의는 다음과 같다.

> 위험을 알면서 자신의 성적 욕구와 행동을 제어하지 못하
> 거나 정신적, 신체적, 사회적 파탄을 겪으면서도 그만두지
> 못하는 상태.

여기서 위험이란 체포를 말한다. 나중에 설명하겠지만
성추행범에게는 다른 사람에게 폐를 끼쳤다는 의식이 없다.
행여 자신이 상대방에게 상처를 주었다는 것을 인지한다 해도
그것은 행위를 그만두어야 하는 위험 요소가 아니다. 그들이
생각하기에 성추행에 따르는 위험이란 체포되어 범죄자가 되
는 것, 그로 인해 가정과 직장을 잃는 것뿐이다. 과정 의존증
에는 7가지 특징이 있는데 성추행은 7가지 모두에 해당한다.

● 강박성

안 하고는 못 산다는 심리 상태다. 성추행 생각에서 벗어
나지 못해 행동으로 옮기지 않고는 못 배긴다. 성추행을 저지

를 때뿐 아니라 온종일 성추행을 생각하며 강하게 집착한다.

● 반복성

손해를 감수하면서도 성추행을 수차례 반복한다. 여성이 저항하는 정도로는 멈출 수 없다. 체포된다 해도 벌금이나 합의금을 내고 풀려나면 다시 성추행을 반복한다. 처벌만으로는 효과가 없다. 재범 방지를 위한 치료가 필요하다.

● 행동성

옳고 그름을 구별하면서도, 순간적인 충동을 억제하지 못하고 행동에 옮긴다. 제3장에서 자세히 설명하겠지만 그들은 "스위치가 켜졌다"라고 표현한다. 스위치가 켜져서 성추행을 저질렀을 뿐, 그 순간 무슨 일이 일어났는지 기억나지 않는다고 말한다. 본인의 충동을 스위치가 켜지면 멈출 수 없는 것으로 자각한다.

● 탐욕성

강한 자극을 추구한다. 성추행 경험은 강한 자극을 주므로 웬만한 장애에는 굴하지 않는다. 위험한 상황에 도전함으로써 더 강한 자극을 꾀하는 사람도 있다.

● 유해성

성추행은 유해한 행위다. 피해자의 입장은 둘째 쳐도, 성추행하는 본인에게 미치는 사회적 · 경제적 손실이 크다. 그것을 알면서도 이번이 마지막이라고 생각하며 다시 범행을 저지른다.

● 자아 친화성

성추행은 유해한 행위기 때문에, 이득이 없으면 저지를 이유가 없다. 나중에 살펴보겠지만, 그 이득이란 왕따 가해자가 얻는 이득과 비슷하다. 상대방에 대한 지배욕과 정복욕을 채우거나 성취감을 얻고 스트레스를 해소하는 것이다. 가해자 관점에서 성추행 행위는 이득이 매우 큰 행위다.

● 행위의 악화성

성추행을 하다 보면 정도가 점점 심해진다. 처음에는 엉덩이에 손등을 대는 정도였다가 점점 대범하게 만지고 급기야 속옷 안에 손을 넣는다. 빈도도 잦아진다. 범행에 들이는 시간이 늘고 점점 위험한 상황에 도전하려 한다. 그러나 이는 성추행범 본인이 주변에 SOS를 보내는 계기이기도 하다. 체포되었을 때 "다행이다", "이제라도 체포되어 안심이다"라고 말하는 성추행범이 있다. 제삼자가 보기에는 선뜻 이해하기 어려운 말이다. 자신의 힘으로는 성추행을 멈출 수 없으므로 가해 행위를 들켰을 때 '이제 그만하고 싶다', '나 좀 잡아가라'라는 심정을 표출한 것이다.

치료하느냐,
범죄자가 되느냐

●

의존증 진단의 핵심은 조절 능력 상실과 이탈 증상이다. 알코올이나 약물, 도박에 빠진 사람은 그 앞에서 무력해진다. 내가 그것을 지배하고 있다고 생각했는데 알고 보니 어느새 그것이 나를 지배하고 있음을 깨닫는다. '내 힘으로는 방법이 없다'라고 느끼는 것이 조절 능력 상실이다. 무력감을 인정할 때 회복이 시작된다.

그러나 성추행을 포함한 성폭력 행위에는 피해자가 있

다. 가해자가 스스로 조절할 수 없고 무력하다고 인정하는 것은 자칫 가해행위의 책임을 회피해도 좋다는 생각으로 이어질 수 있다. 그러나 성폭력에는 반드시 피해자가 있으므로 자신의 무력함을 인정하는 것이 곧 회복은 아니다. 이 점 때문에 성추행에 의존증 치료 모델을 적용하는 것은 맞지 않다는 사람도 있다. 여기에 대해서는 여전히 논의가 필요하다고 생각한다. 하지만 의존증 치료를 원하는 성범죄자·성 의존증 환자는 매년 증가하고 있다.

성 의존증이 범죄로 발전한 경우, 당사자뿐 아니라 가족에게도 큰 영향을 미친다. 성추행범이 가장이라면 그가 실직함으로써 가정경제에 타격이 있을 것이고, 성추행 소문이 퍼져 정신적으로도 타격을 입는다. 사건이 언론에 보도되면 일도 외출도 어려워져 인간관계가 단절된다.

본인의 의지와 상관없이 산지옥을 경험하는 가해자의 가족도 엄연히 피해자다. 책임을 추궁할 대상이 아니다. 남편을 그대로 두면 다시 성추행을 반복할지도 모른다는 두려움에 못 이겨 나를 찾아온 아내도 많다.

국내 성범죄 발생 건수가 몇 해 전부터 갑자기 증가했다는 데이터는 없다. 따라서 의존증 치료 프로그램 참가자 수가 증가한 것은, 성추행을 의존증으로 보고 치료해야 한다는 공감대가 조금씩이나마 확대된 결과가 아닐까 싶다. 인터넷 사용이 확산되면서 치료 정보에 접근하기가 쉬워진 것도 프로그램 참여자가 증가한 원인 중 하나다.

병이니까
이해해주어야 할까?
●

'성추행은 성 의존증이라는 병'이라는 말이 더 널리 알려져 성추행에 빠진 사람, 남편이나 아들이 체포되어 재범을 저지를까 노심초사하는 가족에게 전해지기를 바란다. 그러나 성추행이 병이라고 말하면, 자칫 성추행범이 '병에 걸려서 어쩔 수 없었다', '내가 나쁜 게 아니라 병이 나쁜 거다', '병이라 그렇다'라고 생각할 수도 있다.

이는 가해자가 범죄의 책임을 외면하는 것이다. 피해자의 상처도 가해자가 환자라는 이유로 가벼워지지 않는다. 가해자에게 낙인을 찍어도 시원치 않을 판에 병이라는 이유로 책임을 덜어주는 것은 너무 무책임하고 위험하다. 어떤 증상을 병으로 간주하는 것을 병리화라고 하는데, 과잉 병리화는 가해자의 책임을 흐지부지한다.

나는 재범 방지 프로그램의 참여자가 그러한 생각을 갖지 않도록 늘 피해자 시점에서 생각하게 한다. 성범죄 가해자의 특징 중 하나가 자신이 가해한 사실을 쉽게 잊는 것이기 때문이다. 가해자는 자신이 한 일을 빠르게 잊어버린다. 하지만 피해를 입은 사람은 아무리 시간이 지나도 용서하기 어렵다. 왕따 피해자가 자신이 당한 불합리한 폭력을 시간이 지나도 잊지 못하는데 가해자는 왕따한 사실 자체를 쉬이 잊는 것과 비슷하다.

그래서 나는 재범 방지 프로그램 참여자에게 "그 말을 피해자가 들으면 어떤 기분이 들까요?", "당신이 피해자라면 어떻게 했을까요?", "당신에게 소중한 사람이 똑같은 일을 당하면 어떤 느낌일까요?"라고 여러 차례 묻는다. 병일 수 있지만 용서받을 수 없는 일을 저질렀다는 원칙을 고수한다. 가해자의 망각에 대해서는 제5장에서 자세히 살펴보겠다. 성 의존증은 병이므로 치료해야 하지만, 의존증을 완치한다는 것은 어불성설이다. 완화할 수는 있어도 완치는 어려운 것이 성 의존증이다.

회복은 행동 면과 정신 면에서 생각할 필요가 있다. 성추행을 저질렀던 사람 대부분은 치료를 받아 성추행 재발을 막을 기술이나 대처 방법을 배울 수 있다. 이를 반복함으로써 성추행을 저지르지 않는 일상이 계속되면 행동 면에서 회복되었다고 본다. 그러나 근저에 있는 사고방식과 인생관을 바꾸지 않으면 정신 면에서는 회복되지 않는다.

다른 의존증을 사례로 들어보자. 알코올의존증 환자는 술을 마시지 않고 하루를 보내는 것이 행동 면의 회복이다. 술을 마시지 않은 상태에서 인간관계를 맺고, 행동과 말이 점차 부드러워지며, 긍정적인 마음을 갖게 되는 등 변화가 감지되면 정신 면에서도 회복했다고 말할 수 있다. 반면에 오랜 시간에 걸쳐 술을 끊었다 해도, 정신 상태나 마음가짐이 술을 마실 때와 비교해 달라진 것이 없다면 회복이라고 말할 수 없다. 이렇게 술을 마시지 않아도 술에 취했을 때와 같은 심리 상태를 보이는 것을 드라이 드렁크dry drunk라고 한다.

회복 기간에 정신적으로 성장하는 것이 중요하다. 의존증을 앓는다는 것은 쉽게 말하면 인생관이 병든 상태다. 의존증 환자들은 주변의 시선이나 기대에 민감해서 자신의 모습을 실제보다 크게 인식하는 한편, 그런 상태가 괴로운데도 의논

할 사람이 없어 괴로워한다. 고통의 뿌리를 있는 그대로 받아
들이지 않고서는 술을 멀리할 수 없다.

성 의존증도 마찬가지다. 성추행은 단순히 행위를 그만
두는 것이 아니라, 여성에 대한 인식을 바꾸어야 한다. 그렇지
않고서는 진정한 회복이 어렵다. 치료에 관한 자세한 내용은
다른 장에서 자세히 살펴보자.

일상의 스트레스로
시작된다

성추행이 어떻게 시작되는지 살펴보자. 모든 성추행범
에게는 맨 처음 성추행을 저지른 날이 있다. 제1장에서 살펴
본 것처럼 성추행범의 대다수는 평범한 남성이다. 그들은 성
추행범이 될 요소를 갖고 태어난 것이 아니라, 어떤 계기로 성
추행에 손을 대기 시작해 지속한 것이다.

법무성의 통계를 보면, 성추행을 처음 저지른 나이는 29세
이하가 가장 많다. 성추행범이 최초로 범죄를 저지른 나이의
평균은 33.1세다. 반면 체포되었을 때의 평균 나이는 41.4세

다. 즉, 성추행에 처음 손댄 후 체포되기까지 평균 8년이 걸린다는 의미다. 8년은 다른 성범죄와 비교해도 꽤 긴 시간이다. 그 사이 상습적으로 성추행을 저질렀다고 가정하면 얼마나 많은 피해자가 생겼을지 짐작하기도 어렵다. 나는 재범 방지 프로그램 참여자를 면담하면서 중고생 때 성추행을 시작한 사람도 꽤 많다는 것을 알게 되었다. 이를 감안하면 피해자의 수는 더 많아진다.

나는 처음으로 성추행을 저지른 나이뿐 아니라 계기가 된 사건에 대해서도 상세하게 면담한다. 성추행범의 수만큼 성추행을 시작한 계기도 다양할 것이므로 단순하게 유형화하기는 어렵지만, 굳이 전형을 꼽자면 다음에 제시된 사례를 들수 있다.

● 사례 1

회사에 고약한 상사가 있다. 입사 때부터 잘 맞지 않았다. 어쩐지 나를 찍은 것 같다. 오늘도 별것 아닌 일로 호되게 혼났다. 아무리 그래도 그렇지 동료와 후배 앞에서 그렇게 인격을 깔아뭉갤 것까지는 없지 않나? 내 자존심은 갈기갈기 찢어졌다. 아, 회사를 그만두고 싶다! 답답하다. 될 대로 되라지.

지하철을 탔다. 가방을 들고 있었는데, 손등이 앞에 서 있던 여성의 엉덩이에 닿았다. 그 부드러운 감촉에 뇌에 전기가 지나간 듯 짜릿해졌다. 잠시 고민한 뒤 이번에는 들키지 않도록 손등을 지그시 눌렀다. 여성은 미동도 없었다. 지금껏 경험하지 못한 느낌이었다. 흥분되었고 정신없이 빠져들었다. 상사의 꾸지람 따위 순식간에 날아가고 자존심 상했던 일조차 대수롭지 않게 느껴졌다.

좋은 표현은 아니지만, 그는 초심자의 행운을 누렸다. 여성의 신체를 동의 없이 만졌는데도 질타를 받지 않았고 체포되지 않았다. '이렇게 쉽구나!'라는 확신도 얻었다. 운행 중인 지하철은 계속 흔들리기 때문에 타인의 신체에 손이 닿는 것이 특별한 일은 아니다. 그러나 그 우연한 접촉을 계기로 범죄자가 탄생할 수도 있다.

의존증 치료 프로그램에 참여한 이들의 이야기를 들어보면 이 사례는 결코 과장된 것이 아님을 알 수 있다. 또한 가해자 남성 대부분은 성추행을 시작하기 훨씬 전부터 성추행을 소재로 한 성인 동영상을 보거나 성추행 정보를 교환하는 인터넷 사이트를 자주 찾았음을 알 수 있다. 물론 이런 콘텐츠를 접하는 것과 실제 성추행을 저지르는 것은 차원이 다른 문제다. 콘텐츠에 영향을 받았다 해도 "나도 성추행범을 할 거야"라며 계획적으로 행동하는 사람은 많지 않다. 그들에게 성추행은 어쩌다 보니 하게 된 것이다. 성추행의 문은 중대한 결심이나 각오 없이 열린다.

목격자가
범죄자가 된다

성추행 발생에 중요한 요소는 '우연'이다. 다음 사례도 여러 명의 참여자가 공통으로 들려준 이야기다.

● 사례 2

어느 날, 성추행을 목격했다. 지하철 안에서 웬 남자가 여고생의 등 뒤에 서더니 치마 속에 손을 넣었다. 그 학생은 딱히 싫은 기색을 보이지 않았고 별다른 말도 없었다. 남자는 내키는 대로 계속 만졌다. 다음 역에서 지하철이 정차하자 여고생은 아무렇지 않은 얼굴로 함께 있던 친구와 이야기를 나누며 내렸다. 플랫폼에서 두 사람은 즐거운 듯 웃고 있었다. 뭐지? 별로 싫어하지 않잖아! 오히려 좋았던 건가? 이런 일이 허용되다니 놀라웠다. 그렇다면 나도 해 봐야지.

그는 타인의 성추행 행위를 우연히 목격한 것이 원체험이 되어 새로운 성추행을 저질렀다. 끔찍한 연쇄반응이다. 그 여성이 정말로 싫은 내색을 하지 않았는지, 정말로 웃으며 내렸는지는 알 수 없다. 그러나 그의 눈에는 거부하지 않았다는 장면만 증거로 남아 진실이 되었다.

처음부터 대범한 범행을 벌이는 성추행범은 거의 없다. 가방으로 숨긴 채 손을 대거나 흔들리는 척하며 하반신을 밀착하는 등 어떻게든 들키지 않으려 노력한다. 이 정도는 괜찮다는 경험이 쌓이면 점차 범행이 대범해지고 횟수도 잦아져 상습범이 된다.

점차 대범해진다고 해도 그 정도는 사람마다 다르다. 옷 위로만 만지다가 속옷 안에까지 손을 넣는 사람이 있는가 하면, 일주일에 한 번 저지르다가 매일 저지르게 된 사람도 있다.

문제의 핵심은 성추행의 경중이 아니다. 가벼운 성추행이라고 여성이 상처를 받지 않는 것은 아니다. 그러나 본격적으로 상습화·악질화하기 전에 막을 수 있다면 더 심각한 피해도 막을 수 있다.

가장 좋은 방법은 상습범이 되기 전에 체포하는 것이지만, 성추행범은 회를 거듭할수록 요령이 늘고 수법이 교묘해진다. 전체 성추행 발생 건수에 비하면, 피해 여성이 신고해 체포당하는 사례는 빙산의 일각이라는 점은 앞에서 이미 설명했다. 하지만 이는 여성의 잘못이 아니다. 공포심에 몸을 움직일 수 없게 된 여성에게 신고의 장벽은 너무 높고, 신고해도 여성이 느낄 심리적·시간적 부담이 크다는 점은 잘 알려진 사실이다. 보복당할까 두려워하는 심리도 있다. 성추행을 둘러싼 많은 요소가 가해자에게 유리하다.

앞서 살펴본 것처럼 우연한 접촉은 일상적으로 발생한다. 그 자체가 질타받을 일은 아니다. 여성이 불쾌감을 느꼈다면 사과하면 될 일이다. 우연한 접촉이 자극적이었다 하더라도 모든 남성이 그 일을 계기로 성추행범이 되지는 않는다. 그것이 범죄라는 사실을 알고 있기 때문이다.

그러나 일부 남성은 거기에서 가치를 발견하고 상습적

인 성추행으로 발전시킨다. 체포되면 직장과 가정에서 신뢰를 잃게 되는 것은 물론이고 지금까지 쌓아온 모든 것을 잃게 된다는, 예상을 훨씬 웃도는 엄청난 위험 요인이 있는데도 그들은 일탈 행위에 빠져든다.

성욕이라는
핑계

성추행은 성과 관련된 범죄다. 성추행범은 성욕을 억누르지 못하는 사람 또는 성욕을 해결할 기회가 없는 인기 없는 남자라는 인식이 널리 퍼져 있는 것도 이 때문이다. 이는 성추행 행위에 이르는 동기를 성욕으로 보고, 그로써 얻을 수 있는 가치를 성욕 해소라고 본 결과다.

그러나 성추행을 일으키는 요소는 성욕만이 아니다. 모든 성범죄의 동기를 성욕으로 환원하면 그 안에 담긴 폭력의 본질을 놓칠 수 있어 무척 위험하다. 성추행의 본질을 논하기 전에, 성추행 가해자 200명을 대상으로 한 조사 결과를 먼저 살펴보자. 내가 면담한 사람들을 대상으로 2013년에 실시한 조사다. "성추행하는 동안 발기했는가?"라는 질문에 대한 응답은 다음과 같다.

- 성추행하는 동안 발기했다. ๐ 약 30퍼센트
- 성추행하는 동안 발기하지 않았다. ๐ 약 50퍼센트
- 성추행하는 동안 발기한 적도 있고 아닌 적도 있다. ๐
  약 20퍼센트

응답자 중 절반이 성추행 행위 중 발기하지 않았다. 발기는 남성의 성적 반응 중 가장 뚜렷하게 나타나는 것이므로, 발기하지 않았다면 성욕을 해결할 목적으로 성추행을 저지른 것이 아님을 알 수 있다.

이는 가해 당사자가 들려준 내용을 바탕으로 조사한 결과다. 즉 자기 고백에 가까운 응답이므로 신뢰성과 타당성이 확보되지 않아 나도 참고 자료로만 활용한다. 발기 여부를 더 대규모·객관적으로 조사할 필요가 있지만, 실시간 집계가 불가능하므로 쉬운 일은 아니다.

그러나 이 조사 결과는 성추행의 동기를 파악하는 데 중요한 실마리가 되어준다. 성추행범의 절반 이상이 발기하지

않았다는 결과는, 내가 많은 성추행범과 면담하는 과정에서 알게 된 사실과도 일치한다.

한편 이 조사는 성추행 행위 중 발기한 사람이 일정 수 존재한다는 사실도 보여준다. 성욕 해소를 목적으로 한 성추행도 분명히 존재한다는 말이다. 소수기는 하지만, 지하철 안에서 성추행을 한 뒤 화장실에서 자위하는 사람도 있다. 이런 이들은 자위로 자신의 성추행 행위가 '완결'되었다고 느낀다고 한다.

여성의 신체를 만지는 것이 아니라 지하철 안에서 사정한 다음 여성의 신체나 옷에 정액을 묻히는 성추행범도 있다. 이 역시 성욕 해소가 동기고, 그 수는 비교적 적다. 내 경험에 비추어보면, 20명 중 1명꼴이다.

성매매는
답이 될 수 없다

성추행 재범 방지 프로그램이나 그룹 미팅에서 만난 성추행범 중 유난히 성욕이 강하다고 느껴지는 사람은 많지 않왔다. 강간이나 미성년자 성폭행처럼 폭력성이 강한 범죄의 가해자들은 성욕이 유독 강한가 하면 그렇지도 않다. 물론 이 따금 평균 이상으로 성욕이 강한 사람을 만나기도 한다.

강간을 되풀이하다 교도소에 수감된 한 남성은 여성을 보면 곧바로 불이 붙을 정도로 성욕이 강해 범행을 저질렀다. 자포자기해서 그냥 감옥에 가자는 심정으로 대상을 물색했다 고 한다. 그는 나와 재범 방지 계획을 이야기하는 와중에도 입 만 열면 외설적인 표현들을 내뱉었다. 지적인 사람이었으나 성욕이 너무 강했고, 본인도 그 사실을 알고 있었다.

그러나 성추행으로 체포된 경험이 있는 사람 중에 이런 사람은 극소수였다. 성추행범은 남성 호르몬인 테스토스테론 수치가 일반 남성보다 높을 것이라는 추측도 있으나, 그에 관 해 공신력 있는 연구 결과는 없다. 호르몬 수치와 범죄행위를 연결 짓는 사고방식은 위험하다. 성범죄를 저지르는 것은 호 르몬 탓이 아니기 때문이다.

만약 그들이 성욕을 해결하려고 성추행을 저질렀다면, 다른 방법으로 성욕을 해결하면 성추행을 저지르지 않을 것이 다. 성추행 재범 방지 프로그램에서는 참여자의 평소 성생활 에 대해 면담하는데, 참여자 모두가 성생활 만족도가 낮지 않았다. 부부 관계가 잦은 성추행범도 있었으므로, 성생활의 만족도나 섹스리스 여부가 성추행 동기로 연결되는 것은 아니다.

성추행범 중에도 종종 '내가 성욕이 강해서 성추행을 저질렀다'고 생각하는 사람이 있다. 성추행 재범 방지 프로그램에는 어떤 계기로 성추행을 했는지 되돌아보고 같은 상황에 부닥쳤을 때 대처 방법을 생각해보는 시간이 있는데, "성매매 업소 이용"이라고 한 사람도 있다.

그러나 다른 사람들에게 성추행 행위를 반복한 시기에 성매매를 했는지 물으니 "성매매를 했다"라는 응답이 꽤 있었다. 즉 성매매를 해도 성추행을 그만두지 못한다는 말이다. 가해자가 이 사실을 인정하지 않으면 성욕 탓이라는 변명에서 벗어나지 못한다.

스트레스와
트리거

그렇다면 성추행범이 여성에게 피해를 주는 범죄행위에 빠져드는 이유는 무엇일까? 결론부터 말하면, 그들은 성추행으로 스트레스를 풀기 때문이다. 현대 사회에서는 누구나 스트레스를 받는다. 업무 스트레스도 있고 인간관계에서 오는 스트레스도 있다. 스트레스를 유발하는 요소는 어디에나 있다. 대부분의 사람은 스트레스 대처법이 있다. 운동하며 땀을 흘리고, 노래방에 가서 큰 소리로 노래를 부르고, 좋아하는 만화나 애니메이션을 본다. 전시회에 가고, 친구에게 하소연하고, 좋아하는 술을 마시며 맛있는 음식을 먹는다. 꿈꾸던 곳으로 여행을 가고, 크게 웃고, 죽은 듯이 자기도 한다.

공사다망한 일상 중에도 저마다 스트레스 해소법이 있다. '시간이 나면 해야지'라는 기대가 하루를 북돋워주기도 한다. 이를 스트레스 코핑stress coping(대처 행동)이라고 한다.

성추행범을 비롯한 성범죄자도 스트레스가 가득한 현대 사회를 살아가는 인간이다. 스트레스를 조절하며 살아야 하는 것은 같지만, 그들에게는 한 가지 문제가 있다. 스트레스 해소법으로 성폭력을 선택한다는 점이다.

"스트레스 때문에 성추행을 저질렀다"는 문장에 담긴 인과관계가 금방 와닿지 않을 수 있다. 그러나 성추행범의 사고를 이해하지 못하는 한 적절한 치료법을 발견할 수 없다. 다음 내용은 성추행을 한 사람들에게 실제로 들은 내용이다.

- 업무 스트레스가 심하고, 정신없이 바쁜 시기가 되면 꼭 성추행한다.
- 상사에게 꾸지람을 들은 날은 퇴근길 지하철 안에서 꼭 표적을 정해 성추행한다.
- 가정에서는 좋은 남편이자 좋은 아버지지만 아내의 결정권이 너무 큰 것에 스트레스를 받아 출퇴근 지하철 안에서 성추행을 반복한다.

그들이 성추행을 저지르는 직접적인 계기를 트리거trigger라고 부른다. 프로그램 참여자에게 자신의 트리거가 무엇인지 생각해보라고 하면 영업 실적, 결산 등의 대답이 돌아온다. 일이 바빠지면 술을 마시고 싶어 하는 사람이 많은데, 이는 업무 스트레스가 트리거가 되어 술에 대한 갈망이 높아졌기 때문이다. 실컷 마시고 힘든 일을 잊는 것은 비교적 건강한 스트레스 대처법이지만, 일부 남성은 거기에 만족하지 못하고 성추행에 대한 갈망을 높여간다.

트리거는 일상생활에도 얼마든지 있다. 정부가 "장시간 노동에 대한 대책 강화가 긴요한 과제"라고 발표할 만큼 일본인의 노동 시간은 길다. 이 때문에 긴 노동 시간, 나아가 삶에서 노동이 차지하는 비중이 너무 커 성범죄의 트리거가 되는 경우가 많다. 상사나 동료가 트리거가 되었다는 응답도 적지 않다. 다시 말해 업무 중 대인 관계에서 큰 스트레스를 받는다는 말이다.

성추행범을 비롯한 성범죄자들은 인간관계 구축에 어려움을 겪는 경향이 있다. 학창 시절에는 교우 관계에 스트레스를 받고, 결혼 후에는 아내와의 관계에서 스트레스를 받아 범죄를 저지르기도 한다. 아내의 말을 거스르지 않기 위해 스트레스를 떠안고 사는 남성은 가정에서 좋은 남편으로 평가받는다. 자신을 억누르고 좋은 남편이라는 역할을 떠맡는다.

성추행할 때 어떤 기분이었는지 물으니 스트레스에 못 이겨 "다 포기한 심정이었다", "될 대로 되라는 마음이었다"라는 대답이 많았다. "마음이 휑했다", "무척 짜증이 났다", "내 존재를 인정받고 싶었다"라고 표현한 사람도 있었다. 어떻게 해야 좋을지 알 수 없는 부정적인 감정에 휩싸여 있었다고 했다. 성추행을 저지를 당시의 심경을 말로 표현한 것은 다들 이때가 처음인 듯했다.

성추행범 중에는 성실한 사람이 많다고 앞서 말한 바 있다. 스트레스를 받으면서도 열심히 일하는 근면한 남성도 많고, 체포되어 실형 판결을 받은 뒤 교도소에서 모범수로 복역한 사람도 적지 않다. 재범 방지 프로그램에 참여해서도 면담 내용을 필기하며 열심히 듣는 사람들이었다.

동시에 열등감이 크고 자기 긍정감이 낮은 것도 특징이다. 강한 스트레스와 불안 속에서 평정심을 유지할 수 있는 사람은 많지 않다. 이런 상태에서는 닥치는 대로 무슨 일이든 하려고 한다. 상황을 바꾸려고 노력하는 사람이 있는가 하면, 도망치려는 사람도 있다. 성추행범은 부정적인 감정을 성추행으로 해소하고자 한다.

괴롭지만 빠져나오지 못하는 이유

모든 의존증은 내면에 있는 심적 고통, 불안감, 고독감을 일시적으로 완화해주는 효과가 있다. 나는 이를 '의존증의 자기 치료 가설'이라고 부른다. 의존증 중에서도 중독성 있는 물질을 흡입하는 의존증, 즉 약물의존이나 알코올의존에서 그런 경향이 두드러지게 나타난다. 술이나 약물은 일종의 진통제다. 몸과 마음을 마비시켜 잠깐이나마 고통과 불안에서 도망친다.

의지가 약해서 또는 성격이 야무지지 못해서 의존증이 생기는 것이 아니다. 나름의 목적이 있어서 의존증에 기댄다. 술은 배신하지 않는다. 마시면 분명한 취기를 느낄 수 있으므로 처음에는 한 잔으로 시작했다가 마시는 양이 늘고 결국 멈출 수 없게 된다. 약물도 마찬가지다. 점차 정도가 심해지는 것은 의존증에서 벗어나고 싶다는 SOS 신호다. 커지는 고통과 불안을 주변에 알리고 싶어서 점점 과도하게 빠져든다. 이를 역설적 메시지paradoxical message라고 한다.

성추행은 도박과 마찬가지로 과정 의존이다. 스트레스가 심하거나 열등감, 불안, 고독에 마음이 지배당했을 때 잠깐이라도 그것을 잊고 싶다는 마음에 도박이나 성추행에 빠진다. 성추행범은 자포자기한 심정으로 가해 행동을 한다고 말했는데, 일본 남성은 자신의 감정을 언어로 표현하는 데 서툴다. 감정을 풍부하게 드러내며 커뮤니케이션할 기회가 적고 마음을 표현하는 것에 능숙하지 않기 때문에, 자신의 내면에서 어떤 일이 일어나고 있는지 모르는 상태로 성추행에 치닫거나 빈도가 높아져 상습범이 된다. "뭐라고 표현은 못 하겠는

데 어쨌든 괴로워 못 견디겠다"고 말하며, 그런 상태에서 어떻게든 탈출하고 싶어 한다. 드문 경우지만, 유소년기부터 앓았던 공황 발작을 진정시키려고 성추행을 시작한 사람도 있다.

● 사례 3

고등학교에 진학해서 지하철로 통학하기 시작했다. 지하철을 타는 것이 내게는 너무 큰 스트레스라서 되도록 자전거로 다닐 수 있는 학교에 가고 싶었지만, 엄마는 내가 그 학교에 갔으면 하고 바라셨기 때문에 어쩔 수 없었다. 오늘도 지하철에서 발작을 일으키고 말았다. 너무 괴롭다. 빨리 도착했으면 좋겠다. 이런 날이 내일도 모레도 반복되려나? 3년 내내 이어질 거라고 생각하면 차라리 죽고 싶다.

그런데 어느 날 깨달았다. 가까이 서 있는 여고생의 몸을 만지면, 그리고 들키지 않으면 그동안은 발작을 하지 않았다. 손끝의 감각에 모든 신경을 집중하니까 발작 전에 오는 긴장이 줄어들었다. 처음에는 여우에 홀린 것 같은 짜릿한 느낌이 정말 발작을 막아주는지 알 수 없었지만, 여러 번 시도해보니 틀림없었다!

그는 발작을 막을 수 있다는 이유로 여러 차례 성추행을 반복했다. 수차례 신고당하자 부모도 알게 되었지만 그래도 멈추지 못했다. 그는 성추행을 계속하다가 결국 직장인이 되어서 체포되었다. 정말 성추행으로 발작을 멈출 수 있었을까? 따져볼 것도 없이 아니다. 그러나 성추행하는 동안 발작을 멈출 수 있었다는 것이 그에게는 진실이었다.

발작으로 아무리 고통을 받았다고 해도, 그것이 여성에게 가해행위를 해도 되는 명분이 되지는 못한다. 용서받을 수 없는 일이다. 피해자에게는 불합리한 폭력 이상도 이하도 아니다. 가해자가 처한 상황과 폭력을 행사하는 것은 별개의 문제다. 그가 자신의 고통을 일찍 자각하고 적절한 도움을 받아 다른 대처 행동을 배웠다면, 피해자를 양산하지 않고 고통을 치유할 수 있었을 것이다.

낮은 자존감과
비뚤어진 지배욕

불편한 진실이지만, 자포자기했을 때 자신보다 약한 존

재를 지배하거나 억누름으로써 자신감을 되찾고자 하는 사람들이 있다. 그것을 행동으로 옮긴 결과가 가정 폭력과 성추행이다. 왕따도 비슷하다. 왕따는 사회에 만연한 심각한 문제다. 아이들뿐 아니라 어른 사이에도 왕따가 있다. 상대방을 공격하고 무시하거나 부당한 요구를 하며 위협하고 지배함으로써 우위를 차지한다.

성추행은 상대 여성이 싫어하는 일을 함으로써 여성을 억압하고 상처 주고 정복한 결과 우월감을 느끼는 행위다. 회사나 가정에서 부당한 대우를 받는다고 느끼는 사람에게 그것은 말할 수 없이 짜릿한 자극이다. 비일상적인 흥분에 기분이 한껏 고양된다. 성취감을 느끼는 이들도 있다. 전능감에 휩싸여 일상에서 받은 스트레스가 단번에 날아간다. 성추행범에게 성추행은 스트레스 해소 수단이다. 큰 스트레스를 받을수록 성추행에서 손을 떼기 어려워지고, 더 큰 자극을 추구하다 보면 범죄행위의 정도가 심해진다.

앞서 말한 것처럼 성추행범 중에는 자존감이 낮은 이가 많다. 그런 사람일수록 타인과의 관계에서 우위를 차지할 때 안정을 얻는다. 성추행범이 원하는 것이 바로 이것이다. 성추행 행위의 본질은 지배욕이다. 성추행범은 지배욕을 채우기 위해 성추행에 빠져든다.

강간, 강제 추행, 불법 촬영, 속옷 절도는 모두 성폭력과 연결된다. 성욕 때문에 이런 일들을 저질렀다 해도 그 뿌리에는 반드시 지배욕이 있다. 겉으로는 성욕에 못 이겨 저지른 것처럼 보이기도 하지만, 성욕을 해결하는 것이 목적이었다면 다른 방법이 얼마든지 있다. 성폭력으로 성욕을 해결하는 이유는 그 바탕에 상대를 제 뜻대로 하고 싶다는 지배욕이 있기 때문이다. 남성의 지배욕이 모든 성범죄의 기반이라고 말해도 틀리지 않다.

남성들은 자기 문제를 성이라는 수단으로 표출하곤 한다. 남성이 성이라는 수단으로 여성을 지배한 성범죄 사례를 수없이 보아온 결과, 나는 이것이 성범죄자뿐 아니라 모든 남성이 보편적으로 가진 사고방식이라는 사실을 깨달았다.

나는 모든 남성의 내면에 가해자성이 잠재되어 있다고 생각한다. 그것은 사회가 심어준 것이다. 21세기인 지금도 일본 사회에는 남존여비식 사고방식이 뿌리 깊게 남아 있다. 이 때문에 남존여비식 사회 통념을 가정이나 학교에서 아주 어렸을 때부터 직간접적으로 배운다.

당연한 전제로 자리 잡은 사회 통념을 구태여 의심하는

사람은 없다. 겉으로는 남녀평등을 지향하면서도 속으로는 여전히 남존여비식 사고로 가득 찬 우리 사회의 일면을 곳곳에서 목격할 수 있다. 사회가 정신적으로도 성숙하려면 이러한 현실을 직시해야 한다.

평소에는 남성이 여성보다 우월하다고 생각하지 않다가, 본인이 약해지면 그렇게 생각하는 남성이 있다. 스트레스, 열등감, 고독을 느끼면 자신의 우월감을 확인하고 싶어 약자에게 칼끝을 겨눈다. 많은 남성이 여성이나 아이는 자신보다 약한 존재라는 생각을 공통적으로 갖고 있다.

그러나 모든 남성이 그런 생각에 빠져드는 것은 아니다. 내 안에도 가해자성이 있다. 부모 세대 또는 그 이전 세대부터 이어져 내려온 남존여비식 가치관을 나도 모르게 이어받았기 때문이다. 그러나 나는 그 안에 머무르지 않을 수 있다. 내가 경험해온 관계를 바탕으로 '남성과 여성은 대등하다', '여성을 아래에 놓고 지배하면 안 된다'라는 새로운 가치관을 획득했기 때문이다. 너무나 당연한 논리지만, 남성이 이렇게 생각을 바꾸지 않으면 현대 사회의 질서에 적응할 수 없다.

일본 사회는 예전부터 남성이 성으로 여성을 지배하고 통제해왔다. 다른 나라를 보아도 성차별이 심한 나라일수록 성범죄가 많다. 바꾸어나가야 할 악습관을 성추행범은 무의식적으로 이용한다. 심지어 마음의 안정이라는 이기적인 이유로 말이다. 성추행은 남성 우월 사회의 산물이다. 타인과의 관계에서 우위를 차지하지 못하면 불안감을 느끼는 사람이 있다는 사실을 인정하지 않고서는 성범죄를 논할 수 없다.

스트레스를 풀지 못하는 사람들

성추행 재범 방지 프로그램 참여자나 법정 출두를 앞둔 가해자와 면담하면서 알게 된 또 한 가지 사실은, 성추행범 대부분이 살기 괴롭다고 느낀다는 점이다. 그 이유를 들어보면, 당사자에게 문제가 있어서가 아니라 사회나 제도가 강요하는 것들 때문이었다. 정도의 차이는 있지만 현대인은 누구나 괴로움을 느끼며 살아간다. 살기 괴롭다는 감정을 크게 느낄수록 스트레스도 크다.

성추행범은 스트레스 해소를 위한 선택지가 일반인보다 적다. 이는 여성보다 남성에게 나타나는 현상이기도 하다. 여성보다 남성 자살자가 많은 것도 같은 맥락이다. 여성은 커뮤니케이션에 뛰어나고 스트레스를 발산하는 데 익숙하지만, 남성은 스트레스를 마음속에 담아두기 쉽고 타인과 의논하는 법조차 잘 모른다. 그러다 보니 인간관계가 얕아지고 고독해지는 악순환이 반복된다. 당사자가 괴로운 것은 이해할 수 있지만, 그 때문에 타자를 공격하고 존엄을 해치는 것은 용서받을 수 없다. 게다가 그들은 성추행을 마치 오락처럼 즐긴다. 그래서 몇 번이나, 심각한 사람은 매일같이 성추행을 반복한다. 다음 장에서는 성추행이 점차 대범해지는 과정을 살펴보자.

제3장

인지 왜곡에도 이유가 있다

'스위치가 켜졌다'
라는 말

성추행은 우연히 시작되기도 한다. 지하철 안에서 의도치 않게 여성의 몸에 손이 닿으면, 거의 모든 남성은 이 경험을 우연으로 끝낸다. 하지만 일부 남성은 그것을 계기로 삼아 일탈 행위를 시작한다. 모든 성추행범이 우연한 계기로 성추행을 시작한다고 단언할 수는 없지만, 우연한 접촉의 정도가 강하거나 빈도가 높을수록 추후 성추행의 질이 나빠지는 경향이 있다.

성추행이 강간 등 심한 성폭력으로 이어지는 경우는 내가 아는 한 극소수다. 그러나 성추행과 불법 촬영을 동시에 하는 사람은 적지 않다. 스마트폰에 카메라가 있기 때문에 오늘날 불법 촬영은 특히 젊은이들에게 진입 장벽이 무척 낮은 성범죄다.

그러나 성추행범 대부분은 성추행 행위 자체에 몰두한다. 성추행을 달성하는 과정에 탐닉하며 더 감쪽같이 성추행하기 위한 수법을 연구한다. 성추행 재범 방지 프로그램에 참여해 자신의 가해행위를 돌아보는 과정에서 그들은 범행의 시발점을 묻는 말에 "스위치가 켜져서"라고 답했다.

왜 합부로 만지고 훔쳐볼까?

● 사례 4

처음부터 성추행할 생각은 아니었습니다. 범죄라는 것은 저도 잘 알고 있었어요. 당연하잖아요. 그런데 정신을 차려 보니 스위치가 켜져서 여성의 몸을 만지고 있었습니다.……그래서 중간에 있었던 일은 기억이 안 납니다. 제가 아닌 것 같았어요.

프로그램에 참여한 많은 이가 '스위치'라는 표현을 썼다. 누구에게 배운 것도 아닌데 하나같이 입을 모아 이런 표현을 한 것이 신기했다. 사실 다른 의존증 환자들도 비슷한 생각을 하지만 표현은 다르다. 약물의존증 환자는 "욕구가 생겨서"라고 표현한다. 그러나 도벽이 있는 사람은 성추행과 유사하게 과정 의존증을 앓는데 "스위치가 켜져서"라는 표현을 쓴다. 도파민 분비 상태를 표현한 것일까? 몸에 전해진 느낌을 말로 표현한 것이라고 생각하면 매우 흥미롭다.

체포되었을 때 경찰관에게 비슷하게 답변한 이가 적지 않다. 범행이 발각된 후 가족에게도 비슷하게 말한다. 나는 "무의식적으로 스위치가 켜진 모양이에요. 어떻게 하지요?"라며 상담을 요청해온 성추행범의 가족을 여럿 만나왔다.

심지어 법정에 출두해서도 스위치가 켜져서 그랬다고 주장하는 사람이 있다. 스위치가 켜져서 범죄행위를 저질렀다는 말을 듣고, 어쩔 수 없었다고 판단할 재판부는 없는데도 그렇다. 스위치라는 표현에 진정성이 있든 없든 피해를 본 여성이 귀담아들을 문제는 아니다. 그런 말로 피해자의 상처가 치유되지도 않는다.

스위치가 켜졌다는 표현은 자기중심적이고 무책임하다. 마치 본인의 의사와는 상관없이 누군가가 내 스위치를 커서 성추행했을 뿐이라는 말처럼 들린다. 그러나 스위치를 누른 사람은 다른 누구도 아닌 그들 자신이다.

표적, 장소, 상황을 종합적으로 판단해 잡히지 않을 것이라고 확신한 상황에서만 켜지는 그 스위치는 뻔뻔하다. 거리에서 성추행하는 사람은 경찰 앞에서는 결코 자신을 드러내지 않는다. 성추행범 대부분이 철저한 사전 조사를 바탕으로 체포될 위험이 가장 낮을 때만 성추행을 실행에 옮긴다는 점을 생각하면 그들의 '무의식의 스위치론'은 모순이다. 성추행은 과정 안에서 발생하는 범죄지 결코 우연히 빚어지는 범죄가 아니다.

하지만 많은 성추행범이 이를 공통적으로 호소한다는 점은 확실하다. 나는 재범 방지 프로그램에서 이를 역이용한다. 스위치가 켜져서 성추행을 저질렀다면 스위치를 끄면 성추행을 저지르지 않을 것이다. 스위치를 끄는 방법을 모색하고 반복 훈련으로 몸에 익히도록 한다. 구체적인 방법은 다음 장에서 소개하겠다. 이 장에서는 스위치가 켜지듯 자연스럽게 성추행을 시작하게 된 성범죄자들의 머릿속을 좀더 자세히 살펴보자.

"조금 만졌다고
닳는 것도 아니잖아"

　아래 제시한 항목은, 성추행 재범 방지 프로그램 참여자들이 자신의 체험을 직접 말한 것이다. 그들은 자신의 성적 일탈 행동을 어떻게 보고 있을까? 아래 항목을 보면 그들이 성추행을 저질러야겠다는 생각에 이른 경위가 여실히 드러난다. 여러 참가자가 구술하거나 작성한 내용 중에, 성추행범 사이에 보편적으로 퍼져 있다고 판단한 내용을 중심으로 소개한다.

- 노출이 심한 여자를 보면 만지고 싶다. 그런 여자들은 성추행을 당해도 어쩔 수 없다.
- 여자들도 처음에는 싫어하지만 결국 좋아하게 된다.
- 살짝 만지는 정도는 괜찮다. 훨씬 나쁜 짓을 하는 놈들도 많다.
- 나를 쳐다보는 것은 접근해달라는 뜻이다.
- 여자도 은근히 성추행을 당하고 싶어 한다.
- 속살을 드러낸 여자는 성욕이 강하다.
- 틈을 보이는 여자(지하철 안에서 자거나, 취해서 정신이 없

인지 왜곡에도 이유가 있다

는 여자)는 대놓고 만지라는 게 아닌가?

- 열심히 일했으니 성추행을 좀 해도 된다.

- 내가 이렇게 힘든 것은 모두 여자 때문이다. 그러니 성추행을 해도 괜찮다.

- 여자는 성추행을 당하면 성적 만족을 느낀다.

- 성추행 사건에는 면죄부가 있으니, 이 정도는 해도 괜찮다.

- 내가 있는 쪽으로 와서 섰으니 만져도 된다.

- 이 노선은 원래 성추행범이 많다고 알려져 있으니 나도 해도 된다.

- 아직 목표 인원을 채우지 못했으니 한 사람쯤 더 만져도 된다.

- 여자 10명 중 1명은 성추행당하기를 바란다.

- 나도 피해를 본 적이 있으니 성추행하는 것은 어쩔 수 없다.

- 아내와 오랫동안 섹스를 못 했으니 성추행할 수밖에 없다.

- 스위치가 켜져서 정신을 차려보니 만지고 있었다.

- 조금 만졌다고 닳는 건 아니지 않은가?

착각도 보통 착각이 아니고, 잘못 알아도 보통 잘못 안 게 아니다. 범죄의 책임을 여성에게 떠넘기며 나는 잘못하지 않았다'라고 말하고 싶은 본심이 드러난다. 이렇게 생각한다면, 여성이 상처받는다는 사실을 모를 만도 하다.

나는 성추행범의 이런 사고방식을 인지 왜곡이라고 부른다. 성추행범을 비롯한 성범죄자의 실태를 알려면 인지 왜곡을 이해해야 한다. 예를 들어 "여자들도 처음에는 싫어하지만 결국 좋아하게 된다"는 항목을 살펴보자. 그들은 피해자가 굳어서 목소리도 내지 못하는 것을 보고 그렇게 판단한다. 성추행을 당했을 때 반응은 사람마다 다르다. 몸을 돌려 도망가거나 주변에 알리기도 하지만 공포심에 몸이 얼어버리기도 한다. 보통 사람이라면 그런 상태를 보고 상대방이 그 상황을 좋아한다고 판단하지 않는다. 그러나 성추행범은 여자도 좋아하고 있다고 인지한다. 나는 인지 왜곡을 다음과 같이 정의한다.

> 문제 행동을 계속하려고 본인에게 유리한 방향으로 인지의 틀을 짜는 것.

보통 사람이 보았을 때 터무니없는 생각도 그들 사이에서는 확고한 진실이 된다. 자신들의 생각이 현실과 다르다는 것을 깨달으면 성추행이라는 즐거움에서 손을 떼야 하기 때문이다.

"열심히 일했으니 성추행을 좀 해도 된다"라는 인지를 바탕으로 문제 행동을 반복하는 사람에게 누군가 "자신에게 보너스를 주려고 다른 사람에게 손해를 끼치는 자기중심적인 생각은 잘못되었다"라고 지적하면, 자신이 근거로 삼던 사고 기반이 깨져 성추행을 정당화할 수 없게 된다. 그래서 그들은 자신이 틀렸고 자기 생각은 현실과 다르며 자신의 사고방식이 왜곡되었다는 생각을 외면한다. 문제 행동을 반복할 때마다 왜곡이 강화되어 신념이 된다.

성추행범뿐 아니라 모든 성범죄자는 인지 왜곡을 숨기고 있다. 앞에서 살펴본 항목 중에서 지하철과 관련된 것은 성추행범만 갖고 있는 인지 왜곡이다. 마찬가지로 강간이나 미성년자 성폭행, 강제 추행, 노출, 불법 촬영, 속옷 절도를 저지른 사람에게도 저마다의 인지 왜곡이 있다. "속살을 드러낸 여자는 성욕이 강하다"라거나 "여자는 성추행을 당하면 성적 만족을 느낀다"처럼 공통으로 보이는 인지 왜곡도 있다.

비뚤어진 여성관이
진짜 문제

그렇다면 인지가 왜곡된 사람만이 성범죄라는 일탈 행위에 빠지는 것일까? 우연한 계기로 성추행을 시작한 사람이 많다는 사실은 앞에서 언급했다. 이들 모두가 인지 왜곡을 겪는다고 말할 수는 없다. 이들 식으로 말하면, 그저 표적이 나타나서 저질렀다고 보는 편이 맞다. 그들은 '들키지 않았다', '의외로 쉬웠다', '여자도 싫어하지 않는 것 같다'는 사실에 신선한 충격을 받는다. 그러나 정상적인 사람이라면 '그러니 성추행을 해도 괜찮다'라고 생각하지는 않는다. 그렇게 생각하는 순간부터 인지 왜곡이 시작된다.

상습적으로 성추행을 저지르는 사람에게는 성추행을 하고 싶으니 계속해야겠다는 강한 의지가 있다. 이를 위해 행위를 정당화하고 성추행을 지속하기 위한 논리를 자기도 모르게 쌓아간다. '성추행은 범죄고 인간의 존엄을 해치는 악랄한 폭력 행위다'라는 생각의 한편에 '세상에는 만져주기를 바라는 여자도 있으니 만져준다'라는 논리가 있다. 둘 중 어느 쪽 논리가 성추행범에게 편한지 생각해보면 답은 분명해진다. 도

덕적으로 옳든 옳지 않든 그들은 자신에게 편한 논리가 중요하다.

성추행을 계속하기 위해 그들은 인지를 왜곡하기 시작하고, 성추행을 거듭할 때마다 왜곡의 정도는 심해진다. 왜곡된 인지를 갖고 태어나는 사람은 없다. 사회 속에서 인지가 왜곡된다.

그렇다면 왜곡된 인지를 바로잡으면 성추행을 줄일 수 있지 않을까? 적어도 재범은 막을 수 있지 않을까? 그것이 정답일지도 모른다. 일반적으로 성범죄 재범 방지 프로그램에서는 인지 왜곡을 중점적으로 다룬다. 그들이 문제 행동을 일으키는 바탕에는 반드시 인지 왜곡이 존재하므로 이를 수정하는 것이 중요하다. 나도 내담자가 본인의 인지 왜곡을 깨닫고 이를 수정하기 위해 노력할 때 상당히 발전했다고 평가한다.

그러나 불행히도 인지 왜곡을 본인의 힘으로 깨닫기는 무척 어려울 뿐 아니라 바로잡기는 더욱 어렵다. 제삼자가 돕는다고 해도 쉽지 않다. 당사자에게는 왜곡된 인지가 진실이기 때문이다. 오랫동안 성추행에 빠져 있던 사람일수록 그렇게 생각하는 경향이 강하다. 자신의 오랜 믿음을 부정당하는 것은 신체가 잘려나가는 것에 버금가는 고통이다. 왜곡된 인지도 마찬가지다.

나는 문제의 본질은 더 깊은 곳에 있다고 생각한다. 인지 왜곡의 가장 안쪽에는 그 사람이 지금까지 갖고 있던 여성관이 있다. 자신이 만든 여성관도 있고, 부모님을 비롯해 다른 부부들을 보고 자연스럽게 학습하거나 앞 세대에게 배운 여성관도 있다. 그 안에는 우리 사회가 남녀를 대하는 방법, 기대하는 역할, 성차별도 포함되어 있다.

일본 사회에는 여전히 성차별과 남존여비식 사고방식이 뿌리 깊게 남아 있으며, 이를 내면화한 사람이 많다. 가정·학교·사회에서 남성의 역할은 이것이고 여성의 역할은 저것이라는 전근대적 성 역할을 여전히 강요하고 있다. 성차별이 일상적인 탓에 차별당하고 있는 여성조차 깨닫지 못하는 경우도 많다. 왜 그렇게 해야 하는지, 그런 방식이 정말 옳은지에 대한 검증 없이 많은 사람이 암암리에 머릿속에 각인해 전제로 삼은 탓에 일본 사회에는 성차별이 일상화되어 있다. 남존여비식 사고방식이 대표적이다.

일본은 '여성은 남성의 성性을 받아들이는 존재'라는 사회 통념이 무척 뿌리 깊은 나라다. 이는 성범죄자와 면담한 뒤 느낀 소감이 아니라 평소 사회 곳곳을 보면서 갖게 된 생각이

다. 예를 들어 사회 곳곳에 남성의 성적 호기심과 욕구를 충족
시켜주는 서비스가 넘쳐난다. 성산업에 종사하는 여성도 허
다하다. 그 반대의 경우도 없지는 않지만, 산업으로 자리매김
한 경우는 적다. '남성은 여성의 성을 받아들이는 존재'라고
는 생각하지 않기 때문이다.

　이것이 가정에서는 가정 폭력의 형태로 표출된다. 남편
은 피임에 협조하지 않으면서 아내가 임신하면 낙태를 강요하
고, 아내가 싫어하는데도 성관계를 요구한다. 부부라 해도 상
대방이 동의하지 않은 성관계는 강간이다. 그런데도 부부간
성폭력은 사라지지 않고 있다. 남편이 요구하는 것을 들어주
는 것이 아내의 역할이라고 생각하는 사람이 많다는 뜻이다.

　남존여비식 여성관이 뿌리내린 사회에서는 인지 왜곡이
싹트기 쉽다. 사회 통념은 쉽게 의심받지 않는다. 당연하게 배
워 머릿속에 새긴 가치관이기 때문이다. 인지 왜곡을 바로잡
기 어려운 이유가 여기에 있다.

여성 혐오를
공유하는 사회

앞에서 살펴본 항목들에서 드러난 인지 왜곡은 성추행범만 갖고 있는 것이 아니다. 평범한 가정에서도 딸이 짧은 치마를 입고 외출하려면 부모가 주의를 준다. "그렇게 짧게 입고 다니면 큰일 나!", "이상한 사람이 쫓아오면 어떻게 하려고!" 흔히 볼 수 있는 풍경이다. 부모는 딸의 안전을 걱정해서 하는 말이지만, 이는 '짧은 치마를 입으면 성추행을 당해도 어쩔 수 없다'로 이어지는 논리다. 성추행범의 인지 왜곡을 간접적으로 인정하는 꼴이다.

성폭력 피해 여성에게 "늦게까지 돌아다니니 그런 일을 당하지", "그렇게 위험한 남자를 왜 따라갔어?", "걔는 원래 남자관계가 복잡했잖아" 등 여성의 잘못을 거론하며 '피해자에게도 잘못이 있다'고 책임을 묻는 풍조는 새삼스럽지도 않다. 이렇게 피해자인 여성을 꾸짖는 행위를 2차 가해라고 한다.

어디를 가든 어떤 옷을 입든 그것은 개인의 자유다. 그것을 이유로 성폭력을 정당화하는 발상은 근본적으로 잘못되었다. 전형적인 인지 왜곡이다. 그러나 성범죄 예방을 이야기할 때, 대부분 여성에게만 조신한 태도를 요구한다. 경찰도 학교도 가정도 아무런 의문 없이 여성이 잘못해서 성범죄를 당했다는 생각을 받아들인다. 이 때문에 성범죄는 여성의 문제라는 등식이 성립한다.

또한 쉽게 가해자의 가족을 공격한다. 특히 성추행범의 아내는 큰 괴로움을 겪는다. 증인으로 법정에 서서 부부간 성생활에 관한 질문을 받기도 한다. 법정이라는 공적인 장소에서 사건과 관계없는 성생활에 대해 묻는 것 자체가 성추행이고, 제2장에서 살펴본 대로 부부 생활과 남편의 성추행 간의 상관관계를 입증하는 증거는 없다. 부부간에 성관계가 없다는 것이 성추행을 해도 된다는 이유가 될 수 없는 것은 물론이고, 그것을 방패 삼아 성행위를 강요한다 해도 아내에게는 거부할 권리가 있다. 다시 말하지만, 동의 없는 성행위는 부부간일지라도 폭력이다. 그런데도 아내는 아무 상관없는 제삼자에게뿐 아니라 가족들에게도 "당신이 제대로 내조하지 못해서 이런 일이 생겼다"라고 질책을 당한다. 우리 사회에 만연한 인지 왜곡이 그대로 드러난다.

성추행범이 가진 것과 똑같은 인지 왜곡이 사회 전체에 퍼져 있다. 그것을 나는 '성추행 신화'라고 부른다. 아무 근거

없이 우리 사회에 퍼져 있는 여성관을 표현하는 말로 '강간 신화'라는 말도 있다. 성추행범이 가진 인지 왜곡과 사회에 유포된 성추행 신화는 서로 보완 관계에 있다.

성추행을 저지른 사람에게서 발견되는 인지 왜곡에는 패턴이 있다. 사회에 뿌리내린 왜곡된 여성관이 성추행범에게 영향을 미쳐 인지 왜곡을 강화한다. 강화된 인지 왜곡은 다시 사회에 영향을 미쳐 성추행 신화를 더욱 공고하게 만든다. 악순환의 반복이다.

다시 짧은 치마 이야기로 돌아가보자. 이것은 성추행을 저지르다 체포된 어느 남성의 가족에게 들은 이야기다. 그 남성에게는 젊은 딸이 있었는데, 딸이 짧은 옷을 입고 외출하려 하자 아내가 "왜 그런 옷을 입었니?"라고 걱정하며 물었다고 한다. "유행이기도 하고 제가 입고 싶어서요"라는 딸의 대답을 듣고 아내는 깜짝 놀랐다고 한다. '짧은 치마를 입으면 성추행을 당한다'라며 피해를 여성의 책임으로 돌리는 인지 왜곡이 자신 안에도 존재한다는 사실을 문득 깨달았기 때문이다.

법정에서는 피해 여성의 성 편력이나 성 산업에 종사한다는 이유로 가해 남성의 죄가 경감되는 일이 자연스럽게 벌어진다. 성 경험이 많은 여성이라면 남성을 대하는 것에 익숙할 것이므로 강제로 당하기 전에 거부할 수 있었을 것이며, 거부하지 않았다는 것은 성관계에 동의한 것이라는 논리다. 왜곡된 인지를 바탕으로 여성에게만 편견을 강요하고 성폭력의 본질은 보려 하지 않는다. 이런 논리는 가해자에게 유리할 수밖에 없다.

가해자 가족도 종종 인지 왜곡에 휩싸인다. 가해자는 사람들이 무의식적으로 공유해 우리 사회의 전제가 되어버린 인지 왜곡을 이용해 자신의 행위를 정당화한다.

사회에서 남존여비 개념이 사라지지 않는 한 그 안에 담긴 인지 왜곡은 사라지지 않을 것이고 성폭력 가해자는 계속 나타날 것이다. 성범죄는 여성이 잘못해서 발생하는 것이 아니다. 그 뿌리에는 남성 우월 사회에 수반된 여성 차별적 시선이 깔려 있다는 사실을 깨달을 때가 되었다.

'그래도 되는' 여자가 있을까?

"조금 만졌다고 닳는 것도 아닌데." 성범죄자들이 공통으로 하는 말이다. 성범죄와 살인·강도의 차이점이 무엇인지 물었을 때 들은 대답이다. 이것 역시 보편적인 성범죄자의 인지 왜곡이다. 이 발언에는 여성을 물건으로 보는 그들 특유의 가치관이 응축되어 있다. 그들은 진심으로 그렇게 믿고 있을 가능성이 크다. 그러나 나는 이 표현이 가해자의 실태를 완전히 반영하지는 못한다고 생각한다.

그들은 분명 여성을 자신과 대등한 존재로 보지 않는다. '여성의 성욕을 채워주려고 만져주었다', '처음에는 싫어하는 것 같지만, 싫다고 하면서도 속으로는 좋아하기 때문에 만져주었다'라는 생각은 착각일 뿐 아니라 몹시 자기중심적이다. 여기에는 앞에서 살펴본 것처럼 여성은 남성의 성욕을 받아들이는 존재라는 '위로부터의 시선'이 담겨 있다.

이러한 발상을 가진 사람은 성추행 표적으로 정한 낯선 여성뿐 아니라 자기 주변의 여성들도 하대할 가능성이 크다. 적어도 여성을 같은 인간으로 존중하는 자세는 보이지 않을 것이다.

인격도 의지도 없는 마음대로 다룰 수 있는 존재, 무슨 짓을 해도 괜찮은 존재라는 의미에서 그들은 여성을 물건으로 본다. 그러면서 한편으로는 여성에게 반응을 요구한다. 그 반응을 보고 '여자도 좋아한다', '나를 받아들이고 있다'라고 생각하며 지배욕과 성취감을 채운다.

성추행범이 생각하는 여성은 현실보다 적극적이다. 나는 성추행범에게서 "여성이 내 쪽을 흘끔거리거나 먼저 내 쪽으로 와서 섰다. 이것은 성추행을 해도 괜찮다는 신호다. 나는 그 신호에 따라 성추행했을 뿐이다"라는 말을 자주 들었다. 어쩌다 그런 상황이 있었을 수도 있다. 그러나 그런 여성이 매일같이 나타나 자신을 유혹한다는 것은 비현실적이다. 여성은 그들을 마음에 두지 않는다. 어쩌면 그들을 경계해서 자꾸 본 것일 수도 있다. 가까이 접근했다는 것도 인파에 밀려 그들이 있는 쪽으로 떠밀려간 것일 수 있다.

성추행범의 눈으로 본 여성은 현실의 여성과 너무 다르다. 마치 드라마 속 등장인물처럼 그들이 원하는 대로 움직인다. 생각이나 감정 없이 그저 '여女'라는 기호만 붙은 존재라고 해도 과언이 아니다. 성추행범의 눈으로 본 여성들은 무서워하거나 상처받지 않고 오히려 성추행을 즐긴다. 성인 동영상의 치한물에 출연하는 배우의 모습 그대로다. 엄청난 인지 왜곡이다.

그들에게는
'삶의 보람'이다

●

성추행이 시작되면 성추행에 대한 학습이 이루어진다. 먼저 다른 사람이 저지르는 성추행을 목격하거나, 우연히 여성의 몸에 손이 닿았는데 별일 없다는 것을 학습한다. 성추행 행위가 습관이 되면서부터는 체포되지 않기 위해 표적이나 상황을 고르는 요령을 몸에 익힌다. 성추행을 계속하기 위한 학습이다.

그렇게 성추행 행위를 학습하면서 그들이 얻는 것은 무엇일까? 이 질문은 "왜 성추행을 그만두지 못하는가?"를 생각할 때 매우 중요하다. 자신에게 해가 되는 일을 계속하는 사람은 없다. 위험 요소가 있는데도 계속하는 이유는 무엇인가 득이 되는 것이 있기 때문이다.

나는 성추행이 고위험·저수익 활동이라고 생각한다. 그들의 목적이 성욕 해소라면, 성추행은 수지가 맞지 않는 활동이다. 성추행범의 절반 이상이 행위 중 발기하지 않았고 사정도 하지 않았다는 점이 이를 뒷받침한다. 그들의 목적이 성욕 해소가 아니라는 사실은 제2장에서 살펴보았다.

나는 성추행 재범 방지 프로그램 참여자에게 왜 성추행을 저지르는지 물어보았다. 아주 단순한 질문인데 분명한 대답을 들어본 적이 없었다. 지금까지 셀 수 없이 많은 성추행을 반복하면서도 자신이 왜 그런 일을 하는지 스스로 생각해본 적이 없는 듯했다. 이는 성범죄 전반에 걸쳐 나타나는 현상이다. 강간범, 불법 촬영범, 미성년자 성폭행범에게 왜 가해행위를 했는지, 무엇을 얻고자 했는지 물으면 명확하게 대답하지 못한다.

질문을 "성추행을 그만두었을 때 잃은 것이 무엇인가?"라고 바꾸면 어떨까? 한 프로그램 참여자가 성추행을 멈추었을 때 잃은 것에 대해 인상적인 대답을 들려주었다. "삶의 보람이요." 다른 참여자도 절반 이상이 고개를 끄덕였다. 가해행위를 수도 없이 반복해 체포된 순간, 가해행위를 끊게 되었지만 삶의 보람을 잃었다고 했다. 이 대답에 경험 많은 동료들도 할 말을 잃고 말았다. 하지만 오랜 시간 참여자들과 얼굴을 맞대어왔기에, 진정성 있는 대답이라는 것을 알 수 있었다.

그들은 아침에 일어나서 밤에 잠자리에 들 때까지 온종일 성추행을 생각한다. 일할 때도, 가족과 함께 있을 때도, 머릿속에서 성추행 생각이 떠나지 않는다. 사전 준비도 철저히

하고 머릿속으로 몇 번이나 시뮬레이션해보고, 여차하면 체포될지도 모른다는 스릴과 위험 속에서 욕망을 채운다. 매일매일 그 많은 에너지를 성추행 행위에 소비하며 보낸다. 그것이 한마디로 '삶의 보람'이다.

일이나 취미, 육아, 저축 등 다른 사람에게 폐를 끼치지 않으면서 삶에 보람이 되는 활동은 얼마든지 있다. 보통 사람은 그런 활동으로 스트레스를 해소한다. 그러나 성추행범은 성추행을 저지르는 것으로 스트레스를 해소한다.

성범죄로 치닫는 사람은 스트레스 코핑의 선택지가 적다는 사실도 앞서 언급했다. 인간관계를 맺는 데 서툴고, 생활 면에서나 심리 면에서 과부하가 걸렸을 때 어떻게 대처해야 할지 또는 어떻게 받아들이고 흘려보내야 할지 잘 모르는 경향이 있다. 거기다 고립되기 쉬운 성격 탓에 고민이 있어도 다른 사람과 의논하지 못하고 혼자서 끙끙 앓는다.

그러므로 스트레스 코핑 선택지를 늘려 스트레스에 대처할 방법을 익히지 않는 한, 아무리 체포되고 합의금을 내고 실형을 살아도 결국 재범을 일으킬 것이다. 저지른 죄에 대해 엄중한 벌을 내리는 것은 당연하지만 그것만으로는 다음 범행을 막을 수 없다.

나는 성추행 재범 방지 프로그램에서 반드시 스트레스 코핑을 가르친다. 재범 위험이 커졌을 때 대처법을 비롯해 자신의 의견을 적절히 표현하는 방법과 의논하는 방법을 훈련시키고 운동이나 새로운 취미 등 다양한 코핑 선택지를 제시한다.

엄밀히 말하면 그들에게 성추행이란 단순한 스트레스 해소와는 다른 활동이지만, 스트레스 코핑 선택지가 다양해지면 성추행에 의존할 이유가 없어지는 것도 사실이다. 그러므로 성범죄 재범 방지는 스트레스 코핑으로 시작해 스트레스 코핑으로 끝난다고 해도 과언이 아니다.

그들은 매일 성추행에 몰두하고 의존한다. 회사에서는 열심히 일하는 직원이고, 집에서는 가정적인 남편이지만, 자신만의 삶의 보람은 없다. 허한 마음 한구석을 메우기 위해서 일과 성추행을 반복하며 하루를 보낸다. 이러한 악순환을 끊으려면 다른 스트레스 해소법을 발견해야 한다.

성추행 재범 방지 프로그램에서 골프나 낚시, 복싱 등 새로운 취미를 발견한 사람도 있다. 어떤 음악가를 좋아하기 시작해 열렬한 팬이 된 사람도 있다. 그는 출퇴근 지하철 안에서 좋아하는 음악을 듣는 것이 훌륭한 스트레스 코핑이 되어 지금까지 5년간 재범을 저지르지 않았다.

　'성추행을 수없이 반복해온 사람이 인생의 즐거움을 발견한다고 해서 성추행을 그만둘 수 있을까?'라고 의심할 수 있다. 그러나 성범죄 이외의 수단으로 행복해지는 법을 모색하는 것은 잘 알려진 의존증 치료법이다. 삶의 보람이 있다는 것은 매우 중요하다. 자신의 죄에 대한 대가를 치렀다면 스트레스 코핑 선택지를 늘려 더는 피해자를 양산하지 않고 인간적인 삶을 영위할 수 있어야 한다. 건강한 인생관을 회복하는 것이 재범 방지의 궁극적인 목표다.

게임 같은 범죄:
스릴, 위험, 레벨 업

　다시, 성추행범이 왜 성추행 행위에 빠져드는지 생각해보자. 왜 성추행 행위에서 삶의 보람까지 느끼는 것일까? 성추행 행위에는 스릴과 위험이 따른다. 이 2가지는 서로 상관관계가 있다. 체포될지도 모른다는 위험이 클수록 스릴을 느끼고, 위험 요소를 극복하고 결과를 성취하면 가늠할 수 없는 흥분에 휩싸인다. 이 때문에 위험 부담이 큰 상황에서도 성추행을 감행하게 된다.

성추행을 저지르는 동안 뇌에서는 다량의 도파민이 분비된다. 이를 반복하다 보면, 트리거를 당기기만 해도 도파민이 분비되는 조건반응이 형성된다. 점차 강한 스릴을 추구하며 더 위험한 행위에 도전한다.

모든 성추행범이 그런 것은 아니지만, 성추행을 게임처럼 생각하는 사람에게 스릴과 위험은 빼놓을 수 없는 요소다. 그들은 마치 게임을 하듯 성추행을 즐긴다. 게임 한 판을 끝내면, 그보다 많은 난관이 기다리고 있는 다음 판에 도전한다. 체포는 게임 오버를 의미한다. 체포되면 자신의 인생이 완전히 달라질 수도 있으므로 게임과는 비교할 수 없는 스릴이 있다. '이 여성이 나를 밀어내지 않을까?', '주변 사람들에게 들켜 신고당하지 않을까?', '체포되면 가족도 알게 되고 회사에서도 잘릴 텐데' 등 성추행 과정에는 위험 요소가 많다.

하지만 '실패하면 끝'이라고 생각하면 스릴도 커진다. 〈하늘을 걷는 남자〉라는 영화가 있다. 높이 411미터, 110층짜리 고층 빌딩 사이에 놓인 밧줄 위를 안전 장비 없이 걷는 남자의 이야기를 그린 영화다. 보는 이의 손에 땀을 쥐게 할 정도로 아슬아슬하다. 그런데 만약 411미터 높이의 건물이 아니라 1미터 높이에 놓인 밧줄 위를 안전 장비를 착용하고 건너면 어떨까? 전혀 스릴이 없다. 스릴과 성취감은 위험과 비례한다. 그야말로 게임과 같다. 누군가에게 성추행은 오락이다. 그런 의미에서 성추행은 과정 의존증에 속하는 도박과 유사하다.

도박은 돈을 잃다가 반전이 일어나 돈을 따게 되는 시기에 의존도가 가장 높고 위험하다. 이를 심리학에서는 '느슨한 강화'라고 부른다. 성추행은 체포될 위험을, 도박은 돈을 잃을 위험을 감수해야 하므로 가까스로 성공했을 때의 성취감은 헤아릴 수 없을 만큼 크다. 게다가 성추행에는 성적 요소까지 더해지기 때문에 걷잡을 수 없이 빠져드는 것이라고 생각한다.

게임에 중독될수록 쉬운 상황에 만족하지 못한다. 어려운 상황일수록 불타오른다. 사이타마와 도쿄를 왕복하는 JR 사이쿄선은 성추행이 많이 발생하기로 유명해 2009년부터 지하철 내에 CCTV를 설치했다. JR히가시니혼은 2020년까지 도쿄를 순환하는 야마노테선의 전 열차에 CCTV를 설치하겠다고 발표했다. 재범 방지 프로그램 참여자들에게 이 조치로 성추행을 막을 수 있을지 물었더니 "난도가 올라가서 더 불타오르는 사람도 있을 것 같다"라고 답했다.

물론 CCTV가 있으면 성추행을 포기하는 사람도 있을 수 있다. 그러나 과잉 감시가 오히려 역효과를 불러일으킬 수도 있다는 사실을 알고, 이에 대한 대책을 마련해야 한다. 성취감 때문에 범죄를 계속하는 성추행범은 체포되지 않았다는 성취감을 만끽하며 성범죄에 점점 깊이 빠져든다.

성취감은 매우 강력한 동기부여다. 도박도 운만 필요하다면 사람들이 그렇게 빠져들지 않을 것이다. 노력에 따라 서서히 승률이 오르기 때문에 몰입감이 높다. 성추행도 마찬가지다. 그들은 운과 노력을 바퀴 삼아 상습범의 길로 내달린다.

피해 여성의
특징

아이러니하게도 성추행범 중에는 성실한 사람이 많다. 그들은 잡히지 않으려고 온갖 노력을 한다. 특히 주변 조사에 매우 공을 들인다. 시간대별 지하철 내 혼잡 정도, 역마다 계단이나 개찰구 위치 등을 미리 조사해 성추행을 저지르기 쉬운 장소, 도망치기 쉬운 경로를 확보한다. 출구와 가까운 칸에 자리를 잡고 승객 사이에 섞여 있으면 성추행을 하다 들켜도 범인이라고 지목되기 어렵고, 설사 지목되었다 하더라도 얼른 도망칠 수 있다.

게다가 그들은 나름의 규칙이 있다. 성추행하는 장소를 정해두기도 한다. 원래 목적지가 아닌 다른 역에서 한 번 내리는 등 나름의 규칙을 만들고 그것을 성실하게 지키며 성공 체험을 쌓아간다. 그렇게 함으로써 범행을 강화한다.

지하철은 노선에 따라서 크게 흔들리는 구간이 있다. 그런 타이밍을 계산해서 성추행하는 이들도 있다. 열차가 흔들리는 동안 접촉하면 여성도 알아차리기 어렵다. 알아차린다 해도 기분 탓이라고 생각할 가능성이 크다. 재범 방지 프로그램 참여자들을 대상으로 조사한 결과 이외에도 가방이나 코트로 가린 채 성추행하는 등 나름의 규칙을 정한 사례를 들을 수 있었다.

가장 큰 노력을 기울이는 부분은 표적 선정이다. 대상에 따라 체포 위험이 높아지기도 하고 낮아지기도 한다. 그들이 노리는 여성은 쉽게 말해 '신고하지 않을 것 같은' 여성이다. 여자라면 누구든 상관없다고 말하는 이도 있었지만 실제로는 그렇지 않았다. 아무나 만지면 체포 위험이 커진다. 따라서 성추행범은 표적을 고르는 데 공을 들인다.

그 전에 먼저 성추행 신화를 짚고 넘어가자. 우리 사회는 성추행 피해자상을 공유하고 있다. 노출이 심하거나 육감적인 여성, 교복 치마가 짧은 중고생이 표적이 되기 쉬울 것으로 생각한다. 그런 여성이 피해를 보면 "그러게 누가 그렇게 입고 다니래?", "네가 틈을 보였으니 그런 일을 당하지"라고 책임을 물음으로써 성추행을 여성의 탓으로 돌린다. "그러니까 앞으로는 그렇게 입고 다니지 마"라며 여성에게 자책을 강요하는 것은 성추행의 책임을 회피하는 행위다.

섹시한 여성이나 젊은 여성이 표적이 된다는 발상은 성추행의 실상과 거리가 멀다. 특정 여성을 타깃으로 삼는 성추행범도 없지는 않지만 대부분은 그렇지 않다. 앞서 성추행범의 인지 왜곡을 살피며 노출이 심한 여성을 보면 성추행하고 싶다거나, 성추행을 당해도 어쩔 수 없다, 또는 그런 여성은 성욕이 강할 것이라고 생각하는 이들이 있다고 이야기했다. 하지만 이는 성추행을 계속하기 위해 성추행범 스스로 마음속에 구축한 논리이자 자기 합리화를 위해 만든 인지의 틀일 뿐이다. "그러니 내가 그 여자를 만진 건 어쩔 수 없는 일이었다"라며 자신과 여론을 설득하기 위해 만든 변명이다.

교복에 집착하는 성추행범도 있지만, 그들조차 교복을 입은 중고생 아무나 표적으로 삼지 않는다. 그중에서 비교적 체포의 위험이 덜한 표적을 찾는다. 미성년자를 대상으로 한 성추행은 신고 사례가 적은데, 지하철로 통학하는 아이들의 수가 절대적으로 적고, 아이들이 어른을 신고하는 것은 무척 어려운 일이기 때문이다. 겉으로 잘 드러나지 않는 표적이라고 할 수 있다.

성추행과 왕따의 공통점

성추행 재범 방지 프로그램에서 무엇이 범죄의 트리거가 되었는지 물으니 '여자'라고 대답하는 이들이 있었다. 표적으로 삼을 여성이 거기에 있어서 스위치가 켜졌기에 성추행을 했다는 말이다. 더 구체적으로 물으니 "여자면 아무나 괜찮다", "좋아하는 스타일의 여자" 등 모호한 답이 돌아왔다. 성추행범 본인도 자신이 어떤 여성을 노렸는지 말로 표현하기 어려워했다.

하지만 범죄행위를 돌이켜보고 깊이 생각하게 하니 표적의 유형이 드러났다. "노출이 심한 옷을 입은 여성은 기가 세고, 눈에 띄지 않는 옷차림을 한 여성은 온순하다"라는 말이 맞는 말은 아니지만, 성추행범들은 화려하고 지기 싫어할 것 같은 여성, 머리가 좋고 일을 잘할 것 같은 여성을 경원시한다. 나이는 그다지 고려하지 않았다. 젊은 여성에게 집착하는 성추행범도 있지만, 그보다는 기가 약하고 고분고분해 보이는지를 따진다.

성추행범은 마치 왕따 가해자가 왕따 대상을 고르는 것처럼 성추행 표적을 고른다. 왕따 가해 학생들은 강하게 반격하거나 곧바로 어른에게 알릴 것 같은 아이를 노리지 않는다. 성추행범도 마찬가지다. 그들의 말을 빌리면 "저항할 것 같지 않은 여성", "묵묵히 복종해 욕망을 이루게 해줄 여성"을 고른다고 했다. 자신에게 대항할 힘이 없어 보인다는 것이 핵심이다.

지하철 성추행범 대부분은 역 플랫폼에서 표적을 물색한다. 저항하지 않고, 피해를 당해도 주변에 알리지 않을 것 같은 여성을 물색하려고 주변을 배회하는 행위를 크루징cruzing이라고 부른다. 말 그대로 혼잡한 인파 사이를 돌아다니며 표적을 고르는 행위다.

크루징하는 사람은 금세 눈에 띄리라 생각할 수도 있다. 맞는 말이다. 플랫폼에서 지하철을 기다리는 동안 사냥꾼처럼 주변을 유심히 살피면 눈에 띄기 쉽다. 그렇게 하지 않는 것이 일반인의 습관이기 때문이다. 반대로 매일 같은 시간에 같은 지하철에 타는 성추행범도 있다. 이 경우는 성추행범이 가까이 있어도 매일 보던 사람이라 수상하지 않다고 생각할 수 있다. 이 역시 습관에 따른 것이다. 성추행범은 사람들의 이런 습관을 이용한다.

한 여성에게 반복해서 가해를 저지르는 성추행범은 매일 같은 시간, 같은 열차에 타는 여성을 제멋대로 오해한다. '이 여자도 좋아한다. 내게 마음이 있다. 그러니 스킨십을 하는 거다'라는 인지 왜곡을 한다. 한두 번 성추행했는데도 신고를 하지 않는다면 성추행범의 오해는 더욱 강해진다.

천정이 무너진
시대

여성의 외모와 성격은 상관관계가 없지만, 성추행범은 자신의 경험을 바탕으로 "고분고분해 보이고 당해도 말 못 할 것 같은 여성"을 발견하는 안목과 감각을 기른다. 특유의 성실함으로 이전 경험을 분석해 다음 행위를 대비한다. 매일 경험 쌓기를 게을리하지 않는다. 기술을 연마할 여지가 있다는 점에서 성추행은 게임과 비슷하다. 크건 작건 노력이 필요한 일이므로 성추행에서 성취와 삶의 보람도 느낀다.

여성의 관점에서 보면, 순진해 보이면 성추행을 당하기 쉽다는 말이 된다. 한 번도 성추행을 당한 적이 없는 여성이 있는가 하면, 여러 차례 성추행을 당한 여성도 있다는 사실은 이를 반증한다. 사람은 공포를 느끼면 얼어 아무것도 할 수 없게 된다. 성추행범은 그 점을 간파한다.

저항하지 않는 여성들 때문에 성추행이 늘어난다는 말이 아니다. 지하철을 탔다는 이유만으로 신체적 안전 영역에 누군가 허락 없이 침입하는 것 자체가 공포다. 사람마다 차이는 있겠지만, 대부분 자신이 해결할 수 있는 상황이 아니라고 느껴 몸이 굳고 만다. 성범죄를 당하면 마비된 것처럼 꼼짝하지 못하는 프리즈freeze 현상이 일어난다는 것은 많은 사례에서 증명되었다. 성추행을 신고하기까지 여성이 져야 하는 정신적 · 시간적 부담은 적지 않다. 성추행범은 여성의 그러한 상황을 알고 교묘하게 이용한다.

그렇다면 표적 여성을 발견하지 못했을 때는 어떻게 할까? 일반적인 통념과 달리 아무나 표적으로 삼는 성추행범은 별로 없다. 아무나 괜찮다면 지하철 내에 있는 사람 중 아무에게나 손을 대겠지만, 성추행은 그렇게 일어나지 않는다.

표적을 찾지 못한 날은 성추행을 단념하는 사람도 있지만, '매일 한 건씩 한다'라거나 '기한 내에 몇 명을 채운다'고 규칙을 정해둔 이들도 있다. 그런 이들은 포기할 생각이 없다. 그들은 표적을 찾아 다른 노선으로 갈아타거나 돌아가기도 한다. 당연히 회사에 지각하게 된다. 그래도 그만두지 못한다. 이것이 조절 장애다.

사회인이라면 성추행보다 지각하지 않고 정해진 시간에 출근하는 것이 훨씬 중요하다. 그들은 우선순위가 바뀌어 있다. 이는 의존증 환자에게 자주 나타나는 현상으로, 나는 이를 '천정이 무너졌다'라고 표현한다. 도박에 빠진 사람이 감당할 수 없는 판돈을 걸거나 쇼핑 의존증 환자가 지불 능력을 넘어선 소비를 하려는 것이 이에 해당한다.

요즘 천정이 무너진 젊은이가 많다. 대학생의 성 의존증, 특히 성추행과 불법 촬영 건수가 증가했다. 취업난으로 힘들다고 해서 이런 범죄에 빠지는 것은 도움이 되지 않는데도 그렇다. 나는 실제로 성추행을 저지르다 체포되어 입사가 취소된 젊은이를 여럿 상담하고 있다. 이들은 대부분 성추행은 타인에게 상처를 줄 뿐 아니라 자신의 인생에도 엄청난 영향을 준다는 사실을 자각하지 못한다. 나를 찾아온 이들은 대부분 본인의 의지만으로는 성추행을 그만둘 수 없는 단계다. 다음 장에서는 성추행에 집착하다 그만둘 수 없게 된 그들의 내면을 살펴보자.

제4장

무엇이 그들을
범죄로 내몰까?

성인 동영상을
따라 한다

●

성추행범의 범행 과정에 관해 말할 때 빼놓을 수 없는 것이 성인 동영상이다. 거의 모든 성추행범이 성인 동영상을, 특히 성폭력을 소재로 한 성인 동영상을 보고 있었다.

오늘날은 누구나 쉽게 성인 동영상을 볼 수 있다. DVD 구매, 인터넷 다운로드 등 경로도 다양하다. 제목만 보아도 범죄인지 알 수 있는 콘텐츠도 쉽게 볼 수 있다. 성인 동영상 판매 사이트에는 으레 치한 장르가 있고, 수천 개의 영상이 이 카테고리에 들어 있다.

성인 동영상이 짜인 각본에 따라 연출된 콘텐츠라는 점

은 이미 알려진 사실이다. 실제 성행위를 촬영한 것이 아니라 시나리오와 감독의 지도에 따라 남녀 배우가 연기하는 모습을 카메라에 담은 것뿐이다. 이는 남성들도 잘 알고 있다. 심지어 성인 동영상이 성행위의 모범이 아니고, 성인 동영상에 나온 행위가 현실에서는 용인되지 않는다는 것도 안다. 그리고 이러한 사실을 알고 즐긴다면 성인 동영상을 보는 것은 문제가 없다고 주장한다. 성추행, 강간, 불법 촬영, 미성년자를 대상으로 한 강제 성행위를 묘사했다고 해도 실제가 아니라 창작물이므로 문제가 없다는 논리다.

그러나 실제 성범죄자의 대부분이 이러한 콘텐츠에 영향을 받고 있다. 경찰청 과학경찰연구소가 1997~1998년에 실시한 조사(2015년 11월 16일 『니시니혼신문西日本新聞』 인용)에 따르면 강간이나 강제 추행으로 체포된 피의자 553명 중 33.5퍼센트가 "성인 동영상을 보고 따라 해보고 싶었다"라고 응답했다. 20세 미만 청소년의 경우 그 비율은 50퍼센트로 치솟는다. 이 정도면 성인 동영상을 시청하는 청소년이 현실과 환상을 확실히 구분하고 있다고 단언하기 어렵다.

재범 방지 프로그램 참여자들의 말을 들어보면, 성도착 행위를 담은 동영상을 반복해서 시청하다 보니 자신도 모르게 현실을 왜곡해서 인지하게 되어 결국 성범죄를 저지르게 되었다고 한다. 특히 요즘은 청소년도 쉽게 이런 콘텐츠를 볼 수 있다. 성에 대한 지식과 체험이 부족할수록, 치한물을 비롯한 성도착적 동영상을 보는 것은 위험하다.

이러한 동영상에는 여성의 거부나 저항 같은 현실적인 반응이 빠져 있다. 피해 여성은 처음에는 싫어하다가도 나중에는 오히려 즐기거나 성추행범을 유혹하는 모습을 보여주는 등 왜곡된 인식이 영상화되어 있다. 이러한 영상을 반복적으로 보면 왜곡된 인식이 자기도 모르게 각인된다.

성인 동영상과
자위

성인 동영상과 자위는 한 세트다. 지금까지 다양한 성범죄자를 면담하면서 성추행범은 일반인 남성보다 자위 빈도가 높다는 느낌을 받았다. 성추행범은 범행 전에 자위 횟수가 평소보다 증가한다는 특징을 보인다. 하루 평균 2~4회, 일주일에 20회가량 자위를 한다. 심지어 하루에 6~8회에 이르는 성

추행범도 있다. 사가미고무공업주식회사相模ゴム工業株式会社가 20~60대 남녀 1만 4,100명을 대상으로 한 달 동안 자위 횟수를 조사한 결과 남성은 20대가 11.1회, 30대가 9회, 40대가 6.5회, 50대가 5.8회, 60대가 2.1회인 것으로 나타났다(사가미고무공업주식회사, 「일본의 섹스」, 2013년). 20대 남성도 한 달에 10번, 즉 3일에 1번이 평균이니 성추행범의 자위 횟수가 얼마나 많은지 알 수 있다.

자위는 기본적으로 사정을 수반하기 때문에 자위하는 이유가 성욕을 분출하기 위해서라고 생각하기 쉽다. 남자는 정자 배출이라는 형태로 성욕을 분출한다는 것이 통설이다. 그러나 그룹 미팅 참여자들에게 자주 자위할 때의 상황을 돌이켜보게 하니, 반드시 성욕 때문에 자위하는 것은 아니었다. 그들은 짜증이 나거나 쓸쓸하거나 고독하거나 마음 둘 곳이 없다고 느낄 때 자위를 한다고 했다. 즉 부정적인 감정 때문에, 심리적으로 고통스러울 때 대처 행동으로 자위를 하는 것이다. 보통 사람들도 마찬가지다. 물리적인 성욕 발산뿐 아니라 마음의 안정을 위해, 기분 전환을 위해, 심심해서, 활력을 얻기 위해 등 다양한 이유로 자위를 한다.

동기가 어떻든 자위는 성적 쾌감과 개방감을 가져다준

다. 스트레스를 풀 다른 방법이 있다면 좋겠지만 앞에서 살펴 본 것처럼 성범죄자 중에는 스트레스 코핑 선택지가 극히 적 은 사람이 많다. 잦은 자위가 성적 일탈 행동에 대한 갈망으로 연결되면 문제 행동을 일으키기 쉽다. 게다가 그들은 치한물 같은 성인 동영상을 보면서 자위를 한다.

자위는 성범죄행위를 일으키는 방아쇠가 된다. 스트레 스를 풀 수단이 필요해 자위를 하고서도, 만족하지 못하고 더 강한 자극을 구하다 보니 성추행을 저지르게 되는 것이다. 이 렇게 하나의 트리거가 마중물이 되어 더 강력한 갈망을 불러 일으키는 현상을 충족 역설이라고 한다.

자위도
관리가 필요하다

●

자신이 저지른 가해행위를 떠올리며 자위를 하는 사람 도 있다. 성추행을 저지른 직후 지하철 화장실에서 자위를 하 며 성추행을 '완결'한다는 사례가 적지 않다. 직후가 아니어 도 그날 밤이나 다음 날 성추행을 반추하며 자위하는 예도 드물지 않다.

이때 떠올리는 것은 성추행에 성공한 경험이다. 피해자는 지하철을 탈 때마다 떠올리고 싶지 않은 기억이 되살아나 고통에 시달리지만 성추행범은 성공 체험을 떠올리며 즐긴다. 지배욕이나 성취감에 한껏 취했던 기억에 빠져 자위를 하고, 거기서 성적 쾌감을 느끼면 다시 성추행을 하고 싶어지므로 이는 매우 위험한 사이클이다.

따라서 성추행 재범 방지 프로그램에서는 자위 관리를 중요하게 여긴다. 부정적인 감정에 휩싸여 자위행위를 반복하는 것이 아니라, 자신을 통제할 수 있는 나름의 규칙을 만들게 하고 이를 실천하도록 이끈다. 의학계에서는 자위를 자신과의 섹스로 보고, 자위 관리를 중요하게 다룬다. 자위에 관해서는 크게 2가지 사고방식이 있다.

- 자위는 성범죄의 트리거로 기능하므로, 일정 기간 하지 않아야 한다.
- 자위는 성적 위험 요인에 대한 스트레스 코핑으로 기능하므로, 규칙을 정해 관리해야 한다.

성추행범들은 후자의 이유를 들어 성추행을 정당화한
다. 자위를 하지 않으면 범죄를 저지를 위험이 높아진다는 것
이다. 이상적인 것은 전자지만 성추행범들은 자위를 완전히
끊으면 성욕을 분출하지 못해 성추행을 저지르지 않을까 불안
해한다. 하지만 자위가 재범의 트리거라는 사실을 깨달았다
면 그 사실을 받아들여야 한다. 단숨에 끊는 것이 힘들다면 횟
수를 서서히 줄이는 방법도 있다.

주로 빈도나 방법, 시청하는 성인 동영상의 내용을 관리
한다. 이를테면, 자위 횟수를 계획적으로 제한하거나 치한물
을 비롯한 성인 동영상을 보지 않거나, 자위를 한 날은 기록하
는 방법 등이 있다. 어떤 방법이 재범 방지에 더 효과적인지는
성추행범 각자의 범행 패턴에 따라 다르다. 자위가 범죄의 트
리거가 되는지 확인한 뒤, 각자에게 맞는 관리 방법을 선택하
고, 전문가와 함께 정기적으로 점검하는 것이 필요하다.

남성에게는 자위를 제한하는 것이 가혹하게 느껴질 수
도 있다. 그러나 시험 삼아 한 달 동안 자위를 하지 말아보라
고 제안했을 때 의외로 많은 사람이 힘들어하지 않았다. 단계
적으로 횟수를 줄여 마침내 자위를 전혀 하지 않게 된 사람도
같은 대답을 했다. 스스로 체험하고 나서야 남성의 성욕은 어

쩔 수 없다는 말이 근거 없는 통설이었음을 깨달았다. 자위를 그만두게 하려면 스트레스를 풀 다른 수단을 마련한 뒤 서서히 줄여나가는 것이 보통인데, 신기하게도 한 번에 자위를 끊은 프로그램 참여자도 여러 명 있었다.

조심해야 하는 것은 어떤 계기로든 자위를 다시 시작하게 되는 때다. 다이어트를 하다 요요 현상이 찾아오는 것처럼, 자위를 끊었다가 다시 시작하면 반동이 밀려와 그만두기 전보다 자주 하게 된다. 하루에도 수차례 자위에 빠져들다보면 금세 재범의 위험에 처하게 된다.

의식적으로 자위를 그만둔 경우가 아니더라도 이러한 현상은 나타난다. 예를 들어 바쁜 업무에 쫓겨 자위할 시간도 기력도 없이 한 달을 보내다가 여유가 생겨 오랜만에 잠깐만 해보자고 생각했다가 멈출 수 없게 되는 경우다. 그러므로 자위를 그만두는 것만으로는 충분하지 않다. 성性과 관련이 없는 스트레스 코핑을 마련해야 한다.

인터넷 커뮤니티가
문제

●

재범 방지를 위해 자위와 함께 관리해야 하는 것이 인터넷 사용이다. 요즘은 인터넷을 사용하지 않는 사람이 거의 없다. 업무뿐 아니라 취미 생활을 하기 위해, 일상적으로 다른 사람과 대화할 때도 인터넷을 사용한다. 인터넷은 필수품이 된 지 오래다.

인터넷과 성폭력은 오래전부터 떼려야 뗄 수 없는 관계를 맺어왔다. 일본 경찰청이 발표한 「인터넷 커뮤니티와 만남 사이트에서 발생한 성폭력 피해 아동 수 추이」를 보면 2016년 아동 포르노와 아동 성매매 피해자는 1,736명에 달한다. 2008년에 조사가 시작된 이래 가장 많은 피해자 수를 기록했다. 한편 인터넷 만남 사이트에서 발생한 성폭력 사건의 피해 아동 수는 격감했다. 인터넷 만남 사이트의 위험성이 알려진 것도 있지만 트위터나 라인 같은 SNS가 범죄 수단으로 활용되면서 피해자가 분산된 것으로 보인다.

아동 성범죄가 아니더라도 인터넷 만남에서 성폭력은 종종 발생한다. 인터넷을 통해 만난다는 것이 곧 성행위를 해

도 괜찮다는 의미가 아닌데도 '인터넷에서 만난 사이에는 그
래도 된다'라는 왜곡된 인식을 가진 사람이 많다. 그런 사람들
은 인터넷에서 만난 여성에게 폭력을 행사하고 욕구를 해소하
려고 한다.

　　나는 강간이나 강제 추행으로 체포된 가해자와 그 변호
사의 요청으로, 재판 전부터 재범 방지 대책을 마련하는 사법
지원 프로그램LSP, Legal Support Program을 실시하고 있다. 이 프
로그램 참여자 중에는 인터넷 성범죄 사건 가해자도 포함되어
있다.

　　인터넷에는 성추행을 유발하는 요소가 많다. 가장 대표
적인 것이 성인 동영상이다. 과거에는 성인 잡지나 영화를 보
려면 어딘가에서 사거나 빌려와야 했고, 그 과정에 시간과 비
용이 소요되며 심리적 갈등도 있었다. 그러나 지금은 인터넷
을 통해 언제 어디서나 성인 동영상을 볼 수 있다. 누구에게
알릴 필요가 없으니 망설임이나 갈등도 없다. 무료로 볼 수 있
는 영상도 많다. 그중에는 불법 영상도 많지만, 그것을 내려받
아 보는 일에 죄책감을 느끼는 사람은 적다. 오래전부터 어둠
의 세계에서만 취급하던 강도 높은 영상이나 일탈 행위를 다
룬 영상도 지금은 어렵지 않게 구할 수 있다.

옛날이 좋았다는 푸념을 늘어놓으려는 게 아니다. 하지만 인터넷에 떠도는 성인 동영상에 접근하기가 앞으로 더 쉬워지면 쉬워졌지 어려워지지는 않을 것이다. 성인 동영상을 보기 어려웠던 시절은 두 번 다시 오지 않을 것이다. 이제는 인터넷 성범죄를 생각할 때, 청소년도 쉽게 성인 동영상을 볼 수 있다는 사실을 전제해야 한다.

그곳에서는
변태가 영웅이 된다

앞에서 살펴본 것처럼, 성범죄자의 다수는 범행 전에 자위 빈도가 높아지는 경향이 있다. 미성년자 성범죄자는 미성년자 성범죄를, 성추행범은 성추행을 소재로 한 성인 동영상을 보며 자위한다. 취향에 맞는 성인 동영상을 쉽게 시청할 수 있는 환경은 자위 욕구에 박차를 가한다.

성인 동영상 덕분에 성범죄를 억제할 수 있다고 말하는 사람도 있지만, 가해자의 실태를 보면 정반대임을 알 수 있다. 성인 동영상을 반복해서 보면, 동영상 속 장면을 진실이라고 믿게 된다. 성인이라면 현실과 영상을 구별할 줄 알아야 한다고 하고, 성추행범도 "성인 동영상을 있는 그대로 믿지 않는다"라고 말한다. 그러나 "성인 동영상을 보고 나도 해보자는 생각이 들었다"는 사람이 있다는 게 현실이다. 성인 동영상을 보면서 현실과 환상의 경계가 모호해지거나 성인 동영상 시청→자위→성추행의 악순환을 시작하는 사람도 있다는 사실을 인정해야 한다.

치한물을 보는 모든 사람이 성추행을 하는 것은 아니다. 지하철 안에서 성추행을 목격했거나 여성의 신체에 우연히 손이 닿았다고 해서 누구나 성추행범이 되지 않는 것과 같다. 개인이 내면에 안고 있는 문제나 스트레스 코핑 수단, 처한 환경에 따라 성추행을 하는 사람이 있고 안 하는 사람이 있다.

그러나 치한물은 성범죄를 유발하는 간접적 이유가 된다. 여성의 인권을 짓밟는 폭력적이고 차별적 묘사가 사회에 그대로 흘러드는 현상을 엄중하게 받아들여야 한다. 여성에 대한 폭력적 표현을 손쉽고 값싸게 접할 수 있는 지금의 상황을 타개하기 위해서는 보는 사람과 만드는 사람 모두에게 규제가 필요하다.

성추행 상습범 중 일부는, 인터넷 커뮤니티에서 성추행

범들끼리 정보를 교환하거나 자신의 성공 체험을 게시판에 올린다. 그 안에서 자신이 저지른 가해행위를 자랑한다. 불쾌하고 위험한 습관이다. 게시판에 글을 올리는 행위뿐 아니라 그것을 읽는 행위도 다음 범죄를 유발하는 강력한 동기가 되기 때문이다. 자신의 행위를 과시해 한 번 인정받으면 계속 인정받고 싶다는 욕구가 생긴다. 사람은 칭찬과 인정을 먹고사는 동물이다. 게다가 인터넷에는 과격한 일을 할수록 인정받는 문화가 있어서 행위의 수준이 점점 심해지기 쉽다.

성추행에 빠지는 사람들의 특징 중 하나는 타인을 매우 의식한다는 점이다. 그들은 "다른 사람들도 한다", "더 심한 짓을 하는 사람이 있는데 이 정도는 괜찮지 않나", "극한 상황에서 성공해 보이고 싶었다", "대단하다는 말이 듣고 싶었다"라고 말한다.

그들이 자랑하며 쓴 글이 사실인지는 알 수 없다. 실제보다 많이 부풀렸거나 지어낸 글일 수도 있다. 생면부지의 인물이 쓴, 진짜인지 가짜인지도 알 수 없는 글에 그들은 희열을 느끼고 자극을 받는다. 그리고 나도 해보고 싶다는 갈망을 키워나간다.

성추행에 호기심이 있지만, 아직 실행하지 않은 사람이

그런 글을 보면 어떤 생각을 할까? '이렇게 해도 되는구나', '이런 방법도 있네', '이렇게 하면 체포되지 않는구나'라며 인지 왜곡을 강화할 것이다. 계기만 마련된다면 언제든 성추행에 뛰어들 수많은 성추행 예비군을 양산한다는 점에서 이런 사이트의 영향을 간과해서는 안 된다.

인터넷은 성추행범에게 트리거의 보고다. 캐나다에는 소아 성범죄 전과가 있는 사람은 인터넷에 접속하지 못하도록 막는 제도가 있다. 2016년 캐나다 최고법원에서 앤드로마키 카라카사니스Andromache Karakatsanis 판사는 미성년자를 대상으로 한 성범죄로 유죄 판결을 받은 사람에게 인터넷 사용을 금지하는 판결을 내렸다. 카라카사니스 판사는 100쪽에 달하는 판결문에서 "젊은이들이 인터넷을 점차 성범죄에 이용하고 있고, 인터넷 때문에 아동 성범죄자의 재범 가능성이 커진다는 사실이 통계적으로 확인되었다"라고 했다. 최고법원은 "최근 10년간의 기술 변화는 성범죄가 일어나는 사회 상황을 근본적으로 바꾸었다"라고 지적하며 "성범죄자의 인터넷 사용을 감시함으로써 재범 기회를 제한하고 불행한 일을 방지할 수 있다"라고 밝혔다.

일본은 인터넷 접속을 금지할 법적 근거가 없어 개인이

인터넷 사용을 관리해야 한다. 게다가 이미 생활이나 업무에 인터넷이 필수 불가결한 수단이 되었으므로 인터넷 접속을 완전히 차단하는 것은 현실적이지 않다.

그래서 나는 유해 사이트 열람을 제한할 수 있는 필터링 서비스를 이용하라고 권한다. 필터링 서비스를 마음대로 해지하지 못하도록 인증 번호로 잠가둘 수도 있다. 물론 인증 번호는 다른 사람이 관리해야 한다. 데스크톱뿐 아니라 스마트폰에도 적용할 수 있다. 그리고 컴퓨터를 개인 방에 두지 말고 거실처럼 훤히 보이는 곳에 둔다. 이렇게 하면 숨어서 성인 동영상을 보는 것을 막을 수 있다. 이 외에 인터넷에 접속하는 시간을 제한하거나 이용 빈도를 줄여나가는 방법도 있다.

스스로
그만두지 못한다

중요한 문제라 반복해서 말한다. 체포는 상습 성추행범이 성추행을 끊는 유일한 방법이다. 성추행범이 범행을 저지르기 전에 착실하게 사전 조사를 하는 이유도 체포되지 않기 위해서다. 가족, 직장, 사회에서 신뢰를 잃는 것에 대한 두려움도 있지만, 체포되고 나면 성추행을 하지 못하기 때문이다.

그래서 체포되었을 때 "다행입니다", "고맙습니다", "이제 안심입니다"라고 말하는 성추행범도 있다. 이는 다른 의존증, 특히 약물의존증이나 상습 절도범에게서도 공통으로 나타나는 반응이다. 자신의 힘으로는 그만둘 수 없기 때문에 체포된 후에야 그만둘 수 있게 되었다고 안심하는 것이다. 성추행은 피해자가 있으므로 "체포해주셔서 감사합니다"라고 말하는 것은 몹시 무책임하고 불손한 태도다. 그러나 그들은 실제로 그렇게 느낀다.

내가 만난 성추행 재범 방지 프로그램 참여자 중에는 체포 경험이 있는 이가 많다. 그들에게 체포되지 않았다면 성추행을 계속했을지 여부를 물으니 백이면 백 "그렇다"라고 대답했다. 성추행을 스스로 그만둘 수 없다는 사실을 깨달았기 때문이다. 체포 당시의 상황을 돌이켜보며, 이제 성추행을 하지 않아도 되겠다 싶어 안도했다는 사람도 있었다. 이번이 마지막이라며 '한 번만 더'라는 생각으로 성추행을 반복하는 하루하루가 무척 괴로웠다고 한다. 그 괴로움이 드디어 끝났다는 사실에 안도했다. 그러나 피해자는 전혀 생각하지 않는 자기

중심적인 발언이기도 하다.

그들의 심정이야 어떻든 엄격하게 단속해 신속하게 체포하는 것이 가장 효과적인 성추행 근절 대책이라고 단언할 수 있다. 여성에게만 신고라는 부담을 지게 해서는 안 된다. 성추행을 모른 척하지 않고, 체포로 연결될 수 있는 효과적인 수단을 마련하기 위해 사회 전체가 머리를 맞대야 한다. 이에 대해서는 다음 장에서 자세히 살펴보겠다.

더불어 '체포만으로 성추행을 끝내는 것은 어렵다'라는 사실도 널리 공유되었으면 한다. 얼핏 '성추행은 체포로만 끝낼 수 있다'라는 말과 충돌하는 것처럼 들리지만 의존증을 극복하기가 어려운 이유가 바로 여기에 있다. 어떤 범죄든 처벌이 따른다. 이는 정도正道를 벗어난 자가 응당 치러야 하는 대가일 뿐 아니라 범죄를 예방하는 효과도 있다. 범죄를 저지르기 전이거나, 저질렀어도 아직 상습범이 되지 않은 사람이 '이런 일을 저지르면 이런 벌을 받는다'라는 사실을 인지한다면 선을 넘기 전에 그만둘 수 있다. 그동안 성범죄 처벌은 너무 가벼웠다. 인권과 성적 존엄성을 경시해왔다는 증거다.

성추행을 부추기는
사법 체계

현재의 일본의 성추행 처벌은 지나치게 가벼운 경향이 있다. 강제 추행은 6개월 이상 10년 이하, 초범이라면 최대 5년 이하의 징역을 선고받는데, 그것도 대부분 집행유예로 풀려난다. 민폐방지조례 위반이라면 실형을 선고받아도 대개 1년을 채우기 전에 출소한다. 어느 쪽이든 죄의 무게에 비해 처벌이 가볍기는 마찬가지다.

성범죄로 수감된 사람은 교도소 안에서 성범죄 재범 방지 지도, 통칭 R3(일본 교도소에서는 수감자를 처우 방향에 따라 V, E, G, T, S, R급 중 하나로 분류하고, 이 중 치료와 훈련이 필요한 사람을 R급으로 본다. R급 수감자는 다시 R0부터 R6까지 7가지 유형으로 나눈다. 그중 R3는, 성범죄로 이어지는 인지 편향이 있고 자기 통제력이 부족해 사회 복귀에 지장이 있으므로 개선해야 하는 사람이다. 이들이 받는 재범 방지 지도 프로그램도 통칭 R3라고 부른다.ー옮긴이)라는 프로그램에 참여하게 된다. 아직은 R3의 내용이 충분하다고 말할 수는 없다. 예를 들어, 민폐방지조례 위반죄로 수감된 사람은 R3 대상에서 제외되고, 강제 추행으로 수감된 사람

중에도 프로그램에 참여하는 사람과 참여하지 않는 사람이 있다. 형기가 짧은 수감자를 프로그램에서 배제하는 것도 검토할 필요가 있다. 상황이 이렇다 보니 처벌을 받는다고 해도 전문적 심리 교육이나 재범 방지 지도를 전혀 받지 못한 상태로 사회에 복귀하는 성범죄자들이 생길 수밖에 없다. 이는 성범죄 재범 요인 중 하나다.

다시 양형에 대해 살펴보자. 일본의 성범죄 양형은 다른 나라에 비해 가벼운 편이지만, 당사자에게 큰 공포라는 점은 다르지 않다. 피해자의 고통은 별 것 아니라고 생각하는 사람도, 성범죄로 자신이 잃을 것을 생각하면 몸을 움츠릴 수밖에 없다. 그러므로 그들은 체포당하지 않으려고 엄청난 노력을 기울인다. 그리고 그 노력은 강렬한 스릴을 선사한다. 성추행에 성공하면 우월감과 지배욕을 만끽한다.

체포에 대한 공포는 체포를 당해본 사람이 더 강하게 느낀다. 성추행할 때 평소와 다른 무언가가 느껴지면 '또 체포당하는 거 아냐?', '다음 역에서 잡히면 어떻게 하지?', '또 조사를 받을 텐데', '이번에도 회사와 집에 알려지지 않고 마무리할 수 있을까?' 하며 노심초사한다. 한 번 경험했기 때문에 공포감은 더 크게 와닿는다.

이들은 체포되고 싶지 않다고 생각하면서도 성추행을 계속한다. 성추행으로 체포되더라도 초범이면 실형을 받는 일은 드물다. 악질이면 기소를 당하지만, 대부분은 그렇지 않다. 피해자가 고소를 원해도, 경찰 쪽에서 합의를 종용하는 경우도 적지 않다. 고소를 해서 재판으로 이어지면 원고 측도 막대한 시간을 쏟아야 한다. 그 지리멸렬한 과정에서 원고도 막대한 손해를 입는다.

사법 현장에서도 2차 가해가 이루어진다. "고소해보았자 당신만 힘들다"라는 말은 얼핏 피해자를 생각해서 하는 말 같지만, 사실은 피해자를 약탈하는 말이다. 그 밖에도 "미안하다고 하잖아요", "고소하면 직장에서 잘릴 텐데", "저 사람도 가족이 있는데"라며 피해자를 설득하기도 한다. 피해 여성이 아니라 가해 남성을 염려하는 말이다. 여기에 재판에 뒤따르는 정신적·육체적·시간적 부담까지 압박으로 다가오기 때문에 대부분의 피해자가 법적인 해결을 단념한다. 강간 치상조차 40퍼센트 전후의 기소율을 보이는 것이 지금의 현실이다. 성추행으로 기소까지 가는 비율은 그보다 훨씬 적을 것이다.

이 때문에 한 번이라도 성범죄를 당한 피해자는 다시 피해를 당해도 그 사실을 선뜻 드러낼 생각을 하지 못하게 된다.

성범죄 피해를 경시하는 사회 분위기 속에서 성추행범은 가해 행위를 계속해나간다.

합의금으로는
정신을 차리지 못한다

이런 사회 분위기 속에서 많은 여성이 가해자가 제시한 합의금을 수용하고 신고를 취소한다. 이는 성추행범에게 유리하다. 직장이나 가정에 알리지 않은 채 사건을 마무리할 수 있기 때문이다.

합의금 액수는 피해자와 협의해 결정한다. 피해자가 300만 엔(약 3,000만 원)을 제시해도 가해자가 지급 능력이 없으면 서로 협의해 금액을 조정한다. 대개 30만 엔(약 300만 원) 선에서 합의를 본다는 이야기를 들은 적이 있다. 강간은 1,000만 엔(약 1억 원) 전후가 되기도 한다. 행위가 폭력적이거나 피해가 심각할수록 합의 금액이 커지는 경향이 있다.

그러나 피해의 크고 작음은 쉽게 계산할 수 있는 것이 아니다. 회복된 것처럼 보여도 나중에 외상 후 스트레스 장애를

앓거나 수년이 지난 뒤에야 후유증이 나타나는 예도 있다. 따라서 합의 금액이 클수록 피해자가 받은 상처도 크다고 단언할 수는 없다.

합의 금액이 크면, 가족에게 알리지 않고 합의금을 지급하기 어렵다. 가해자가 가족에게 사건을 숨기는 이유는 가해자 자신도 사건을 부끄럽게 생각하기 때문이다. 가해자가 어리거나 수입이 적을 때 또는 모아둔 돈만으로 합의금을 지급할 수 없을 때는 결국 부모나 가족에게 손을 벌리게 된다.

이때 가족은 엄청난 충격을 받는다. 좋은 남편, 좋은 아들이었는데 갑자기 성추행범으로 체포되었다니 충격이 이만저만이 아니다. 일단 합의금을 지급한 뒤 어떻게든 성추행을 멈추게 하려고 나를 찾아온 이도 많다. 나는 프로그램 참여자에게 합의금의 액수와 누가 지급했는지 묻는다. 그 질문으로 가족과의 관계를 엿볼 수 있다. 성추행 재범 방지에는 가족의 협력이 필수적이므로 이는 중요한 정보가 된다.

재산이 넉넉하고 돈을 잘 버는 사람에게도 수백만 원, 수천만 원에 달하는 합의금은 결코 적은 금액이 아니다. 가해자들도 이쯤 되면 다시는 성추행을 하지 말아야겠다고 생각한다. 처음 체포된 사람일수록 굳게 다짐한다. 체포로 입은 손해가 생각보다 크다는 사실을 알게 된다. 그들의 심리 저변에 깔린 공포는 가족을 잃고, 직장을 잃고, 사회적 지위마저 잃는 것이다. 합의금에 대해서는 액수가 얼마든 돈으로 잘 끝냈다는 정도로만 인식한다. 잃은 것은 돈뿐이다. 직장에 알려지지 않고 마무리되면 다시는 하지 않겠다던 다짐도 쉽게 무너지고 이 정도로 끝나 다행이라는 마음만 남는다. 그리고 다시 가해 행위를 반복하는 일상으로 돌아간다.

체포당한 성추행범이 합의로 무마하는 비율이 얼마나 되는지를 보여주는 데이터는 아직 없다. 합의금으로 무마하고 재범을 저지르는 이들이 어떤 사람인지 알려주는 데이터도 없다. 그러나 분명한 것은 합의금으로는 성추행을 막을 수 없다는 사실이다.

체포되면 더욱 심해지는
인지 왜곡

성추행으로 체포되어도 초범은 실형을 살지 않는다. 사실 성추행 실태에 비추어보았을 때, 초범이라는 표현은 맞지 않다. 초범이란 처음 범행을 저지른 사람이라는 뜻인데, 성추행범 대부분은 상습적으로 성추행을 저지르기 때문에 체포되었을 때 이미 많은 피해자를 양산한 뒤다. 그러나 체포 당시, 적발되지 않은 과거의 범행까지 묻는 경우는 없다.

반복적으로 체포되고 그때마다 합의금으로 무마해온 성추행범도 4~5회째가 되면 상습범으로 재판에 넘겨진다. 초범으로 잡히기 전에도 이미 많은 피해자가 있었을 것이므로, 첫 번째와 두 번째 체포, 두 번째와 세 번째 체포 사이에도 분명 피해자들이 있었을 것이다. 최초 체포 당시 범죄에 상응하는 처벌을 내렸다면 피해를 보지 않았을 여성들이다. 초범은 실형을 살지 않는 암묵적인 관행을 다시 생각해야 한다.

성추행범 중에는 심지어 체포를 계기로 성추행을 더 갈망하게 되는 사람도 있다. 이들은 어쩌다 체포를 당했을 뿐이라고 생각한다. 요령이 부족해서 또는 너무 쉽게 생각해서 운 나쁘게 걸렸다는 것이다. 그들에게 그만두어야겠다는 생각이나 범죄를 계속하면 가족이나 직장을 잃을지 모른다는 우려는 없다. '다음에 더 잘하면 안 걸릴 거야'라고 생각할 뿐이다.

성추행이라는 용서받지 못할 행위를 저질러서 체포된 것이 아니라 하필 실수해서 잡혔다고 생각한다. 실제로 운이

나빠 체포당했다고 털어놓은 사람도 있었다. 게임을 예로 들면, 이번 판은 공략 방법을 잘못 선택해서 졌을 뿐, 게임 자체를 그만둘 마음은 없는 것이다. 이 역시 인지 왜곡의 하나다.

체포는 성추행범이 자신의 일그러진 인지를 깨닫는 계기가 되어야 한다. 그들의 내면을 바꾸어 '성추행을 저지르지않는 나'로 바꿀 기회가 되어야 한다. 전문 치료로 연결되지 않는 체포는 갱생의 싹을 자르는 것과 같다. 운이 나빠 걸렸다며 자기 합리화를 하고, 그 위에 기억을 덮어씌운 채 성추행을 반복한다. 이 역시 인지 왜곡의 방법이다. '다음번에는 더 잘해야지'라며 의욕을 갖게 된다. 성추행 사실이 직장에 알려지지 않고 일상도 습관도 아무것도 바뀌지 않은 채로 합의로 무마하고 나면, 성추행범은 성추행 요령이 향상된 상습범이 된다.

성추행범은 정보에 민감하다. 그래서 체포된 다음에 어떻게 되는지 대체로 알고 있다. 몇 번까지 합의로 무마할 수 있는지, 기소되었을 때 양형은 어느 정도인지 필요한 정보를 머릿속에 넣어두고 '아직 감옥에 갈 정도는 아니다', '반성하는 모습을 보여주면 합의로 끝낼 수 있겠다'라는 식으로 계획을 세운 뒤 범행을 저지른다. 이런 정보는 피해자가 적절한 법적 조처를 하는 데에 활용되어야 하는데, 오히려 가해자가 활용하는 현실이 안타까울 뿐이다.

합의를 보든 실형을 살든 그들은 성추행을 멈추지 않는
다. 성추행 근절 대책은 이러한 사실을 전제로 해야 한다. 성
추행에 대한 처벌을 강화하는 것은 앞으로 성추행을 시작할지
도 모르는 사람, 아직 시작하지 않았지만 하려고 마음먹은 사
람에게는 어느 정도 효과가 있겠지만, 상습범의 성추행을 억
제하는 데는 효과가 없다. 그러나 성추행 처벌 강화는 성범죄
에 엄중하게 대처하겠다는 사회의 메시지이기도 하다. 그러
므로 성범죄의 법적 처벌이 제대로 효과를 발휘하도록 하려면
이전과는 다른 처벌 대책을 마련해야 한다.

초범에게도 실형을 선고하는 것이 당연하다. 성범죄를
엄중히 다루지 않았던 지금까지의 관행이 비합리적이었다는
사실을 인지하고, 더 엄중한 처벌을 내리는 방향으로 바뀌어
야 한다는 데는 나도 찬성한다. 그러나 한편으로는 체포나 실
형조차 성추행범의 가해행위를 완전히 막지 못한다는 사실,
성추행 근절이 어려운 이유가 여기에 있다는 사실을 잊지 말
아야 한다. 다음 장에서는 성추행 재범률이 얼마나 높은지, 재
범을 저지르는 배경이 무엇인지 살펴보자.

제5장

그들은 왜
반성하지 않을까?

재범의 굴레로
걸어 들어가는 사람들

●

　나는 매일 성범죄자들과 만난다. 그들을 보살피거나 지원하기 위해서가 아니다. 어디까지나 재범을 막기 위해 하는 일이다. 다른 나라의 사례를 보아도 성범죄는 상습범이 많고 재범률이 높다. 미국의 정신과 의사 에이블은 "성범죄자 1명이 평생 평균 380명의 피해자를 양산한다"라는 연구 결과를 발표했다. 성추행범 중에는 매일 성추행을 저지르는 이들도 있으므로 이보다 많은 피해자를 양산한 이들도 있을 것이다.

　체포는 그들의 연쇄 가해행위를 끊을 기회다. 합의나 벌금형으로 무마하는 경우, 그들은 얼마 가지 않아 다시 범행을 저지른다. 가족에게 범죄 사실이 알려지고 경제적 손실을 보아도 직장에 범죄행위가 알려지지 않으면 사회생활에 지장을 받지 않는다. 가해자는 시간이 지나면 다시 성추행을 시작한다.

이런 악순환을 네댓 차례 반복하면 결국 법정에 서게 된다. 초범은 집행유예를 받기도 하지만, 범죄의 질이 나쁘거나 과거에 실형을 선고받은 전력이 있으면 실형을 선고할 가능성이 크다.

복역 중에는 당연히 성추행을 저지르지 못한다. 새로운 피해자가 나오지 않는 이 기간이야말로 교정과 지도가 가능한 절호의 기회다. 그러나 학습이 제대로 이루어지지 않은 채 사회로 돌아오는 이가 압도적으로 많다.

내가 클리닉에서 만난 사람 중 대다수가 체포된 경험이 있거나 형을 선고받은 전력이 있는 전과자다. 피해자와의 합의는 그들 식으로 말하면 '면죄부를 받은 셈'이므로 합의를 본 가해자는 유감스럽게도 치료 기관을 찾지 않는다.

앞에서도 인용한 법무성 통계는 성범죄의 재범률이 높다는 것을 보여준다. 여기서 말하는 재범이란 확정판결부터 5년 이내에 다시 유죄 판결을 받은 경우를 말한다. 2008년 7월 1일부터 2009년 6월 30일 사이에 확정판결을 받은 이들은 감옥에 있거나 사망한 사람을 제외하면 1,484명으로, 이 중 약 20퍼센트가 재범을 저질렀다. 이들이 저지른 재범이 반드시 성범죄는 아니다. 절도나 상해 등 다른 범죄를 저지른 사람도 있다. 재범이 성범죄인 경우는 13.9퍼센트였다.

즉, 성범죄로 형을 선고받은 사람 10명 중 1명이 출소 후 5년 이내에 다시 성범죄를 저지른다는 말이다. 심지어 이 수치는 다시 체포되어 유죄 판결을 받은 경우만 집계한 것이다. 수많은 성범죄 피해 여성이 피해 사실을 드러내기 꺼린다는 점을 고려하면, 통계에 잡히지 않은 성범죄도 많다는 것을 알 수 있다. 또한 합의를 보아 고소가 취하되면 재범으로 분류하지 않았다. 이를 고려하면 실제 성폭력 재범률은 드러난 수치보다 높을 것이다.

성추행과
불법 촬영

그렇다면 성범죄 중 성추행의 재범률은 어떨까? 성추행은 다른 성범죄에 비해서도 재범률이 월등하게 높다. 조사 대상 313명 중 절반에 가까운 이가 재범을 저질렀다. 기타 범죄가 10퍼센트 정도고 나머지는 성범죄 재범이다. 민폐방지조례 위반으로 체포되어 죗값을 치른 뒤 5년 이내에 다시 민폐방지조례 위반 판결을 받은 사람이 약 30퍼센트를 차지한다. 성범죄 재범(형법범)으로 확정된 사람도 5.4퍼센트에 이른다. 이는 초범 때보다 심각한 범죄를 저지른 경우다. 어떤 행위를 했는지, 강간 등 다른 성범죄를 저질렀는지는 알 수 없지만 더 심각하게 피해자의 존엄을 짓밟은 것이다. 그들에게 처벌이란 대체 어떤 의미일까?

　같은 이들을 대상으로 과거에 범죄를 저지른 적이 있는지 조사해보았더니, 다른 성범죄에 비해 성추행과 불법 촬영으로 체포된 이들 중 전과자가 많았다. 특히 성추행으로 체포된 이들 중 성범죄 전과가 있는 이들은 85퍼센트에 달했다. 그 전과도 한 번이라는 보장이 없다. 전과 1회가 17.5퍼센트, 2회가 24.8퍼센트, 3회 이상이 42.7퍼센트로, 앞으로도 범죄를 반복할 가능성이 큰 사람이 많다는 것은 알 수 있다.

　이 통계에서 성범죄 전과가 하나라도 있는 사람은 267명이다. 전과 내용은 강간이 10명, 강제 추행이 68명, 민폐방지조례 위반이 250명이다(중복 계산). 이들에 대한 재판 결과는 벌금형이 36퍼센트로 가장 많았고 집행유예 20.1퍼센트, 실형 29퍼센트였다.

성범죄 전과자 중 과거에 강간을 저질러 실형 판결을 받은 사람은, 복역 중에 성범죄 재범 방지 지도(여기에 대해서는 뒤에서 다시 설명하겠다)를 받을 가능성이 있다. 하지만 프로그램에 참여해도 출소 후에 다시 범죄를 저지르는 이가 많다.

재판 날에도
범죄를 저지른다

이 조사는 성범죄자가 출소해 신변이 자유로워진 시점부터 다시 범죄를 저지를 수 있다는 사실을 전제로 한다. 출소 시점부터 다음 범죄로 판결을 선고받을 때까지를 재범 가능 기간이라고 부른다.

성범죄별로 출소 후 재범까지 걸린 날짜를 조사해보았더니, 강제 추행은 가장 짧은 사람이 1일, 가장 긴 사람이 1,771일, 중간치가 470일이었다. 미성년자 성추행은 가장 짧은 사람이 88일, 가장 긴 사람이 1,330일, 중간치가 499일이었다. 성추행(민폐방지조례 위반)은 가장 짧은 사람이 0일, 가장 긴 사람이 1,590일, 중간치가 287일이었다. 불법 촬영은 가장 짧은 사람이 35일, 가장 긴 사람이 1,288일, 중간치가 502일이었다.

성추행으로 형을 선고받은 사람이 출소 후 재범까지 걸린 날짜가 가장 짧은 경우는 0일이다. 이는 성추행으로 실형이 확정된 다음 교도소에 수감되기 전까지의 짧은 시간에 재범을 저질렀다는 의미다. 자신이 저지른 범죄에 대한 심판을 받아 형을 선고받은 직후에도 성추행에 대한 갈망을 억누르지 못해 문제 행동을 일으킨 것이다. 전체를 보면 중간치는 287일이다. 재범까지 1년이 채 걸리지 않았다는 의미다. 다른 성범죄와 비교해도 성추행은 재범을 일으키기까지 기간이 매우 짧다.

체포 경험이 있는 성추행범은 그렇지 않은 성추행범보다 체포에 대한 공포가 크다는 사실은 제4장에서 살펴보았다. 그들은 체포로 일상이 바뀌는 것을 지옥 같다고 느낀다. 성추행을 그만두면 다시 체포될 일도 없으니 공포에서 해방될 수 있다. 그러나 지금까지의 데이터는 그러한 공포심조차 성추행을 멈추지 못한다는 사실을 보여준다. 성범죄는 다른 범죄보다 재범률이 높고, 그중에서도 성추행 재범률은 월등하게 높다. 한 번 체포된 뒤 '이런 일을 다시 겪고 싶지 않다. 이제 성추행을 하지 말아야겠다'라고 생각하면서도 다시 여성을 건드리고 또 체포된다. 그리고 공포를 느끼면서도 다시 범죄를 저지르고 세 번째로 체포된다.

성추행범이 성추행을 저지를 때의 스릴과 위험을 삶의 보람이라고 표현한다는 것은 앞에서 살펴보았다. 그들은 공포를 느끼면서도 체포될 때마다 강해지는 성취감을 만끽한다. 더 강한 자극을 추구하는 탐욕성과 손해가 있을 줄 알면서도 자꾸만 되풀이하는 반복성. 성 의존증의 특징인 이 2가지는 체포될 때마다 강화된다.

이 악순환을 끊지 못하면 성추행 피해자가 늘어날 수밖에 없다. 예비 성추행범도 미리 막을 수 있으면 좋겠지만 그것은 현실적으로 불가능하다. 그러므로 피해자를 한 명이라도 줄이려면 자신을 억제하지 못하고 가해행위를 반복하는 상습범을 어떻게 규제할 것인지가 중요하다.

그들도
달라질 수 있을까?

나는 성범죄 관련 재판에 가해자인 피고 측 증인으로 출석할 때가 많다. 성추행을 비롯한 성범죄 재판을 방청하다 보면 결정적인 장면을 보게 된다. 가해자인 피고가 원고 여성에게 사죄 편지를 낭독하는 장면이다. 자신의 행위가 피해자에게 얼마나 상처가 될지 당시에는 생각하지 못했다는 말을 반복하며 사과를 되풀이한다.

피고가 사죄 편지를 쓰는 이유는 판사나 검사에게 자신이 얼마나 반성하고 있는지 보여주기 위해서다. 그러나 나는 편지 낭독을 들을 때마다 빤히 들여다보이는 것을 모른 척하는 기분이 든다. 다른 사람이 써준 편지를 그대로 베낀 것 같은 글에서 당사자의 감정은 전혀 느껴지지 않는다. 어쩌면 편지를 쓰는 동안에는 진심으로 반성했을지 모르지만 그 반성조차 수박 겉핥기로 느껴진다. 내 귀에도 그렇게 들리는데 원고 여성은 피가 거꾸로 솟는 심정이 아닐까?

피고에게 체포란 세상의 종말과 같지만, 상습범일수록 자신을 통제할 수 없게 되는 것도 사실이다. 아무리 철저히 준

비해도 체포의 위험은 늘 도사리고 있다. 그날이 언제 올지 노심초사한다. 모두가 그런 것은 아니지만 공포심이 커지면서 신경이 쇠약해지는 사람도 있다. '누가 좀 말려주었으면', '이제 그만두고 싶다'라고 생각하면서도 그만두지 못하니 본인에게도 고통이다.

그렇게 괴로운 하루하루를 보내는 시기가 바로 '성추행을 저지르는 나'에서 '성추행을 저지르지 않는 나'로 바뀔 수 있는 절호의 시기다. 이를 행동 변용이라고 한다. 이때 죄에 대한 대가를 치르는 동시에 재범 방지를 목표로 치료나 교정교육을 받는 것이 가장 이상적이다.

내가 일하는 클리닉에서는 체포된 성범죄자가 형사 절차를 밟을 때부터 치료 차원에서 개입하는 사법 지원 프로그램을 2011년부터 시행하고 있다. 일본에서는 처음으로 이루어진 시도다. 상습성이 높고 재범 가능성이 높은 이들이 변호사에게 이 프로그램에 대해 듣고 치료를 희망해 찾아오면, 치료 의지를 확인한 뒤 구류 단계부터 여러 차례 면담하며 재범을 저지르지 않을 방법을 함께 찾아나간다. 출소한 뒤에도 재범 방지 프로그램에 참여하는 것을 전제로 이루어지는 활동이다. 판결이 나오고 복역하게 되면, 출소 후 곧바로 프로그램에 참여할 수 있도록 편지를 주고받으며 준비한다.

가해자는 범죄를
기억하지 못한다

반성이란 무엇일까? 사전적 정의는 이렇다.

자신의 언행에 대해 잘못이 없는지 다시 생각함.
자신의 좋지 못한 점을 인정하고 고치려 생각함.

• 디지털 다이지센大辭泉

사회는 모든 범죄자에게 반성을 촉구한다. 반성의 정의
중 두 번째, 즉 자신의 좋지 못한 점을 인정하고 고치기를 기
대한다. 성추행범이 제멋대로 여성에게 피해를 끼치는 존재
에서 무해한 존재로 바뀌려면 반성이 필요하다.

그러나 대부분의 성추행범은 체포되어 실형을 살아도
반성하지 않는다. 자신의 언행을 돌이켜보며 잘못을 저질렀
다고 말하면서도 반성의 대상은 피해자가 아니다. 폐를 끼친

가족이나 지인들에게는 미안해서 어쩔 줄 모르면서도 피해자에게는 전혀 그런 감정을 갖지 않는다. 자신이 피해 여성에게 가해를 저질렀다는 '가해자 기억'은 너무나 빨리 망각한다.

설마 그러겠느냐고 생각하는 사람도 있을지 모르겠다. 그러나 이것은 재범 방지 프로그램을 진행하며 얻은 확신이다. 내가 클리닉에서 만난 사람의 약 60퍼센트가 체포 전력이 있고, 실형을 산 경험이 있는 사람은 15퍼센트에 달한다. 이를 합하면 약 75퍼센트가 치료를 받기 전에 어떤 형태로든 처벌을 받은 셈이다.

프로그램에는 비슷한 죄를 저지른 사람들끼리 모여 자신이 한 일을 돌이켜보는 그룹 미팅 시간이 있다. 참여자들에게 "언제 회복될 수 있겠다는 느낌이 들었나요?"라고 물으니 "내 상태를 객관적으로 보게 되었을 때", "가족에게 걱정을 끼쳤다는 것을 알았을 때", "가족과 더 많은 시간을 보내야겠다고 생각했을 때" 등 기본적으로 자신과 가족을 연결 지은 답변이 많았다.

어느 참여자도 피해자를 이야기하지 않았다. "피해자의 마음을 헤아릴 수 있게 되었을 때"라는 답변은 한 번도 듣지 못했다. 성범죄는 피해자가 없으면 성립할 수 없는 범죄인데,

어떻게 이토록 완벽하게 피해자를 외면할 수 있을까?

시간이 지나면 잊힌다는 말은 가해자에게만 통한다. 피해자는 잊고 싶어도 잊지 못하고, 때에 따라서는 몇 년이 지나도 기억이 되살아나 고통에 시달린다. 생활에 지장이 생기거나 불면증에 시달리고 인간관계에 어려움을 겪는 등 성추행을 당한 기억이 미치는 영향은 막대해서 지속적인 관리가 필요하다. 그런데도 피해 여성에게 고통을 준 당사자는 피해자의 존재를 잊고, 급기야 가해 사실조차 잊는다.

의미도 진심도
없는 반성

체포당해도 쉽게 멈추지 못하고 재범을 반복하는 성추행범에게 가해자 기억은 불리하게 작용한다. 하필 운이 나빴다며 왜곡된 인지를 바탕으로 자신에게 유리한 상황을 만들어내는 이유는, 성추행을 계속하겠다는 의지가 여전히 있기 때문이다. 또한 성추행범은 얼마든지 기억을 바꾼다. 피해 여성도 좋아하는 줄 알았다거나 여성이 먼저 접근해왔다며 의식적이든 무의식적이든 기억을 바꾸어 자위에 활용하거나 다음 성추행의 트리거로 활용한다.

인지 왜곡에 균열이 생겨 '용서받지 못할 짓을 저질렀다'는 사실을 깨닫는 순간 성추행을 계속할 수 없게 된다. 하지만 그러한 기억이 있다는 사실 자체가 괴롭고 불편한 일이다. 기억을 놓으면 죄책감과 갈등도 놓을 수 있다. 겉으로는 다시는 하지 않겠다고 말하면서도 마음속으로는 성추행이라는 삶의 보람을 지키고 싶어 하는 자들에게 가해자 기억은 무시해야 하는 것이 된다.

그런 식으로 피해자의 존재를 잊고 적당히 기억을 왜곡하는 가해자의 대다수가, 법정에서 사죄 편지를 낭독하면서 반성의 변을 토한다. 법정에 처음 서본 성추행범조차도 가족, 경찰, 변호사 앞에서 틈만 나면 사죄와 반성의 말을 내뱉는다. 그들이 반성하는 모습을 보이는 이유는 피해자뿐 아니라 사회 전체가 그들에게 반성을 촉구하고 있기 때문이다. 주눅 든 모습으로 사죄함으로써 반성하는 자세를 보이라는 암묵적인 요구가 있기 때문이다.

그러나 누구나 이런 경험이 있다. 어릴 때 물건을 잃어버리거나 숙제를 안 해서 꾸지람을 들으면 "잘못했어요. 다시는 안 그럴게요"라며 반성의 말을 한다. 어른이 되어서도 회사에서 실수를 하면 사과하며 반성하는 기색을 보인다. 성범죄자와 비교하니 혼란스러울 수 있지만, 우리는 이렇게 어릴 때부터 반성하는 태도를 보이는 기술을 익혀왔다. 그렇게 해서 자신에게 불리한 상황에서 빠져나가는 법을 학습했다.

반성에는 사죄가 따르고, 사죄할 때는 태도가 중요하다. 싱글싱글 웃으면 반성하는 것처럼 보이지 않는다. 속으로는 잘못했다고 인정하지 않지만, 있는 그대로 드러내면 상대방이 받아들이지 않을 것이 뻔하니 상대방이 납득할 태도를 보이려 노력한다.

의존증 환자에게는 눈물을 흘리는 일도 무릎을 꿇는 일도 어려운 일이 아니다. 약물, 알코올, 도박 등 의존증을 앓는 사람들은 가족 앞에서 너무 쉽게 무릎을 꿇으며 다시는 안 하겠다고 말한다. 나도 그런 사람을 여러 명 만났다. "치료를 계속해주세요", "경찰이나 가족에게는 말하지 마세요", "저를 포기하지 말아주세요"라며 무릎을 꿇는다.

그들은 술을 마실 때마다, 약에 손을 댈 때마다, 도박으로 돈을 날릴 때마다 가족에게 비난을 받는다. 그럴 때, 무릎을 꿇고 눈물을 흘리며 다시는 안 하겠다며 반성하는 모습을 보인다. 가족들도 일단은 받아들이지만, 얼마 지나지 않아 그들이 다시 문제 행동을 저지르고 있음을 알아차린다.

　사실 의존증 재발은 회복 과정에서 빼놓을 수 없는 중요한 단계다. 그러나 곁에 있는 가족에게는 참기 어려운 일이다. 가족들은 "또 했어?"라며 다그친다. 그러면 의존증 환자들은 비난을 무마하기 위해 다시 눈물을 흘리며 사과한다.

　그 안에 진정한 반성이 있을까? 나는 눈물을 흘리고 무릎을 꿇는 그들의 반성이 일종의 의식이라고 생각한다. 질타와 추궁에 쫓겨 1분 1초라도 빨리 그 상황에서 벗어나고 싶어 반성하는 모습을 보여주는 것이다. 그 모습을 본 가족들은 일단 화를 가라앉히게 된다. 이러한 습관은 의존증 환자가 아닌 일반인에게도 만연해 있어서 그 안에 진정한 사죄나 반성이 들어 있지 않다는 것은 쉽게 예상할 수 있다. 법정에서 읽는 사죄 편지는 '반성하는 모습'을 가장 두드러지게 보여주는 예다.

영혼 없는 사죄는
불쾌하다

법정에서 낭독한 편지는 분명 성추행으로 기소된 당사자가 썼지만, 그것이 진심인지는 알 수 없다. 베테랑 변호사에게 들은 바에 따르면, 그들의 생각을 그대로 문장으로 옮기면 피해자나 피해자 가족의 심정을 헤아리지 못하거나 심지어 그들의 심정을 거스르는 편지가 된다고 한다. 2차 가해가 될 것이 뻔한 그러한 편지를 법정에서 낭독하는 것은 피고에게 득이 될 것이 없기 때문에 변호사가 미리 수차례 확인한 다음, 피해자를 배려한 표현을 추가한다고 한다. 그야말로 겉 다르고 속 다른 편지다. 이쯤에서 사죄 편지의 예를 하나 살펴보자 (신상 보호를 위해 내용 중 일부는 수정했다).

피해자님께

얼마 전, 저의 너무나도 어리석고 이기적인 범죄로 피해자님의 몸과 마음에 지울 수 없는 상처를 입힌 점에 진심으로 사죄드립니다. 제가 한 행위는 말로 표현할 수 없는 무거운 것이지만, 사죄하는 마음이나마 표현하고자 편지를 씁니다. 읽어주실지 모르겠지만 이 편지로 피해자님의 상처가 조금이나마 낫기를 바랍니다.

제가 왜 피해자님께 피해를 범하게 되었는지 그 원인은 아직 충분히 알아내지 못했지만, 제게 문제가 있다는 것을 다시 한 번 확인했습니다. 특히 피해자님의 기분을 공감하지 못했습니다. 제 욕망과 이익만 생각하고 피해자님께 제가 어떻게 보일지, 제 행위를 어떻게 느낄지 생각하지 못했습니다. 결코 정당화할 수 없는 이기적인 논리와 자존심이 제 머릿속을 가득 채운 것도 타인을 배려하는 의식이 모자란 결과라고 자각하고 있습니다.

일상생활의 스트레스나 불만이 사건을 정당화하는 이유가 될 수는 없습니다. 왜냐하면 스트레스를 받아도 범죄를 저지르지 않는 사람이 세상에는 많기 때문입니다. 제가 이런 범죄를 저질러 피해자님께 상처를 준 가장 큰 원인은 공감 능력 결여라고 생각합니다. 제게도 보통의 공감 능력이 있었더라면 이번과 같은 사건은 일어나지 않았을 것입니다. 저는 고바야시 미카小林美佳가 쓴 『성범죄 피해를 본다는 것』이라는 책을 읽으며, 어떻게 해야 할지 공부하고 있습니다.

피해자님께서 이 편지를 읽어주시지 않을 수도 있습니다. 혹여 읽어주신다 해도 피해자님의 존엄을 짓밟고 인격에 상처를 준

저를 절대 용서하지 마십시오. 고바야시 미카도 피해자의 가해자에 대한 감정을 이렇게 적었습니다. "죽어도 용서할 수 없는 피해자의 마음을 가해자는 평생 짊어지고 살기를 바란다. 반성문이나 사죄문은 의미가 없다. 그게 내 솔직한 심정이다."

피해자님은 전처럼 밝게 웃으며 생활하시지 못할지도 모릅니다. 그 점에 대해서도 다시 한 번 사죄드립니다. 저는 사죄만 하는 것이 아니라 제 행위를 후회하고 있습니다. 피해자님이 받은 아픔을 있는 그대로 이해할 수 있도록 앞으로도 계속 생각하고, 조금이라도 진정성 있는 갱생을 할 수 있도록 제 인생을 걸고 노력할 것을 맹세합니다. 정말 죄송합니다.

문맥상으로는 문제가 없다. 그렇다고 피해자의 마음에 울림을 주는 것은 아니고 상처가 회복되는 것은 더욱 아니다. 판에 박은 듯한 문장일수록 피해자의 마음에는 응어리가 남는다. 제삼자가 보아도 그 공허한 메아리는 불쾌하다.

피해자가 정말 원하는 것이 가해자의 반성일까? 이 편지에서 인용한 고바야시 미카의 저서에서도 사죄문이나 반성문은 원하지 않는다고 했다. 이는 다른 피해자들도 공통으로 가진 생각이다. 그런데도 직면한 분노를 누그러뜨리기 위해, 사

회가 요구하니까 보여준다는 식으로 반성을 떠안기듯 보여주
는 것은 잔인하다.

사죄문을 쓴다는 것은 보여주기 위한 행동이다. 나는 성
폭력 가해자에게 "가해자가 할 수 있는 최대한의 사죄를 한다
고 해도, 피해자에게는 최소한의 사죄밖에 되지 않는다"고 말
한다. 한 번의 폭력이 가해자와 피해자 양쪽에 미친 결과와 그
후의 인생에 끼친 영향은 완전히 다른데, 사죄를 받아들이는
방법이 같을 수는 없다.

우리가 일상에서 하는 사과는 용서받을 수 있다는 것을
전제로 한다. 거리에서 모르는 사람과 부딪쳤거나, 고의가 아
니더라도 다른 사람의 물건을 망가뜨렸을 때 사과하면 대개
용서받는다. 그러나 성범죄는 인간의 존엄을 짓밟는 행위고,
그 일은 돌이킬 수 없다.

자신이 저지른 일의 심각성은 제대로 인식하지 못한 채,
재판이라는 자리에서 진심과는 거리가 한참 먼 사죄문을 읽는
가해자를 피해자가 용서하지 않는 것은 당연하다. 그러나 반
성과 사죄를 거듭할수록 가해자들은 "이렇게까지 하는데 왜
사과를 안 받아주는 거야!"라며 억울해한다. 마치 자신이 불
쌍한 피해자라도 된 것처럼 말이다. 이것을 가해자의 피해자

의식이라고 부른다.

먼저 행동을
바꾸어야 한다

성범죄 가해자는 피해자에게 사과하기에 앞서 일단 피해자에게 용서받고 싶다는 마음을 완전히 버려야 한다. 그런 다음 속죄하는 심정으로 피해자에게 어떻게 보상할지 생각하는 것이 진정한 사과다. 이때, 용서받을 것을 전제로 해서는 안 된다.

성범죄는 피해자와 그 주변 사람뿐 아니라 다른 수많은 사람에게도 상처를 남긴다. 반성하는 것처럼 보이려는 태도나 보여주기식 사과를 원하는 사람은 없다. 그렇다고 반성의 기미가 전혀 보이지 않는 것도 용서할 수 없다.

반성을 강요하며 책임 추궁만 하면 재범률이 높아진다. 이는 전 세계의 성범죄 대처법에서 확인되었다. 이는 가정 폭력 가해자 프로그램에서도 입증된 사실이다. 상습범들에게서 공통으로 나타나는 특징이다. "왜 그런 짓을 했어?", "다 네 책임이야"라고 질타하며 반성을 강요할수록 그들은 궁지에 몰리고, 그것이 트리거가 되어 다시 범죄를 저지른다. 반성을 강요해보았자 돌아오는 것은 억울함과 재범 가능성의 증가뿐이다. 마구잡이로 반성문을 쓰게 하고 무릎 꿇기를 반복하게 해서는 성범죄를 끊을 수 없다는 사실을 알 때가 되었다.

성범죄자에게 반성이란 현실도피다. 반성하는 모습을 보이면 괴로운 상황에서 벗어날 수 있다. 그러는 동안 그들의 내면에서 바뀌는 것은 아무것도 없다. 그보다는 행동을 바꾸는 것이 중요하다. 그들에게 성범죄는 누가 뭐라고 해도 삶의 보람이다. 살면서 그렇게 몰두해본 일이 없을 정도로 그들은 성적 일탈 행위에 빠져들고 자신보다 약한 존재를 괴롭히면서 지배욕과 정복욕을 만끽한다. 그것을 끊지 않고 계속할 수 있다면 반성하는 태도쯤이야 얼마든지 보여줄 수 있다.

행동이 바뀌면 내면에도 변화가 생긴다. 왜곡된 인지를 바탕으로 지금까지 계속해왔던 행동을 바꿈으로써 인지 왜곡을 바로잡으려고 하지 않는 한, 앞으로도 성추행은 계속될 것이며 피해자는 계속 나올 것이다. 체포된다 해도 그때마다 가족과 본인이 고통을 겪는다.

수십 년간 지녀온 사고방식을 바꾸는 것은 혼자 할 수 있는 일이 아니다. 전문가와 함께 머리를 맞대고 방법을 찾아야 조금씩 바꿀 수 있다. 그 수단 중 하나로 지금 실시하고 있는 성범죄 재범 방지 지도(R3 프로그램)가 있다. 하지만 교도소 내부 프로그램이기 때문에 수감 중인 사람만 대상으로 한다.

감옥에 보내도
효과 없는 이유
●

R3 프로그램에 참여한 사람은 2011년 498명, 2012년 549명, 2013년 521명, 2014년 492년, 2015년 497명으로 다소 늘거나 줄기는 해도 큰 변화는 없다. 계속 500명 전후다. 이는 성범죄로 복역하는 사람이 모두 R3 프로그램의 대상자는 아니라는 의미다.

2012년 법무성의 자료에 따르면 이 프로그램의 대상자는 "성범죄 요인인 인지 편향이 있거나 자기 통제력이 부족한 자"다. 그들은 판결이 나오면 지정된 시설로 옮겨진다. 이 시설에서는 국제적인 위기 평가 도구를 바탕으로 성범죄자의 문제점을 분석하고 재범 위험 정도를 세 단계로 구분해 프로그램을 진행한다. 하지만 이를 실행할 수 있는 교도소는 일본에 19곳뿐이다. 대상자는 프로그램을 받는 기간에만 지정된 시설로 이동하고, 프로그램이 종료되면 다시 교도소로 돌아간다.

R3 프로그램은 목적을 설명하는 오리엔테이션, 주요 프로그램, 출소 전에 실시하는 관리 프로그램으로 구성되어 있고 주요 프로그램은 자기통제, 인지 왜곡과 변화 방법, 대인 관계와 친밀성, 감정 통제, 공감과 피해자 이해 등으로 나뉜다. 이 프로그램은 재범 방지에 효과가 있다는 사실이 입증되었다. 법무성 교정국과 보호국의 자료에 따르면 R3 프로그램에 참여한 수감자의 추정 범죄율이 6.1퍼센트포인트, 집행유예자는 15.4퍼센트포인트 낮아진 것으로 보고되었다. 참여자와 비참여자의 재범률 차이는 통계적으로 유의미한 것으로 나타났다.

그러나 실시 방식에는 논쟁의 여지가 있다. 먼저, 치료 반응성이 높은 사람만 대상자로 선택하는 것은 문제다. 지적 장애나 발달 장애, 정신장애가 있거나 언어 구사 능력에 문제가 있는 사람, 약을 복용하는 사람 등은 처음부터 제외한다. 그들은 형기를 마치고 사회에 돌아왔을 때 재범을 일으킬 위험이 큰 고위험군이 된다. 그런데도 수감 중에 재범을 방지할

지도나 교육을 받지 못한다.

　R3 프로그램을 받는 시기에도 문제가 있다. 10년을 교도소에서 보내는데 수감 5년째에 프로그램을 시행하기도 한다. 전혀 의미가 없는 것은 아니지만, 인지 행동 요법은 지속적으로 해야 효과가 있다. 교도소는 사회와 격리되어 있고 여성을 만날 수 없는 공간이다. 그 안에서 나머지 5년을 보내고 나면 모처럼 몸에 익힌 것들을 잊기 쉽다. 출소하기 직전에 프로그램을 실시하는 것이 바람직하지만, 현실적으로는 쉽지 않은 모양이다. 형기가 꽤 긴데도 수감 2년째에 프로그램에 참여했다는 사람도 있다.

　이는 형기가 짧으면 대상에서 제외된다는 의미이기도 하다. 성추행범은 실형을 선고받아도 징역 3년 이하, 대다수는 1년 미만이다. 이들은 거의 프로그램 대상에서 빠진다. 성추행범의 재범률이 특히 높다는 현실에 비추어보았을 때, 이들을 아무런 지도 없이 사회로 돌려보내는 것은 위험하다.

　내가 일하는 클리닉에 다닌 수감 경험자 중 이 프로그램을 받은 적이 있는 사람은 20퍼센트밖에 안 된다. "가석방을 바라고 열심히 참여하기는 해요"라고 말하는 사람도 있고, "성범죄자는 교도소 안에서 괴롭힘을 당하기 때문에 그런 티

를 안 내려고 프로그램에 참여 안 했어요"라는 사람도 있었
다. 그런가 하면 재판에서 상습성이 인정되어 적절한 치료가
필요하다는 판결을 받은 사람이, 프로그램 참여를 희망했는데
도 시설에서 프로그램 대상자로 받아주지 않아 참여하지 못하
기도 했다. 갱생 의지가 강한 사람이었는데 아쉬운 일이다.

다시 트리거로 가득한
사회로 돌아온다

●

출소 후 성범죄자는 각지의 보호관찰소에서 지도를 받
는다. 성범죄자 처우 프로그램이라고 하는, 교도소 안이 아니
라 사회에서 실시하는 재범 방지 프로그램이다. 주로 가석방
자와 조건부 집행유예를 받은 사람들이 대상이 된다. 재범 방
지라는 목적과 인지 행동 요법을 기본으로 한다는 점은 R3 프
로그램과 같다.

내용도 R3 프로그램과 비슷하지만, 이미 사회로 돌아온
뒤에 참여한다는 점이 다르다. 교도소 안에서는 여성과 마주
칠 일이 없고, 교도소 안과 밖에서 받는 스트레스도 종류가 다

르다. 전과가 있는 사람이 사회에 복귀하면 스트레스는 더 많아진다. 재범 위험도 커질 수밖에 없다.

성범죄자 처우 프로그램은 가석방 후 보호관찰 기간이 일정 기간(3개월) 확보된 사람만을 대상으로 한다. R3 프로그램 대상자였어도, 보호관찰 기간이 1개월밖에 안 된다면 이 프로그램에 참여하지 못한다.

가석방되려면 교도소 안에서의 생활 태도도 중요하지만, 출소 후 보호해줄 가족이나 친척이 있어야 한다. 대체로 치료 반응이 좋다고 판단된 이들이다. 통계를 보아도 가석방자는 만기 출소자보다 재범률이 낮다. 이들은 가족이나 친척이 있고 만기 출소자보다 재취직도 하기 쉽다.

재범 위험이 비교적 낮은 사람은 프로그램으로 연결되기 쉬운 한편, 위험이 높은 사람은 출소 후 사회에서 고립되어 점점 더 범죄와 가까워진다. 만기 출소자를 위한 프로그램이 없는 상태를 나는 '구멍 뚫린 사법 처우'라고 부른다.

현재의 프로그램도 문제가 있다. 총 5회로 구성된 프로그램이 끝나면 지도는 그것으로 끝이다. 단기간의 교육으로 재범 방지 방법을 제대로 익힐 수 있는 사람은 많지 않다. 교도소 안과 달리 성추행을 자극하는 트리거가 널려 있는 사회에서 짧은 기간의 교육만으로는 재범을 방지하기 어렵다.

특히 출소 직후에는 촘촘한 대응이 필요하다. R3 프로그램과 성범죄 처우 프로그램의 관리 단계에서 시행하는 인지 행동 요법은 지속해야 효과가 나타난다. 현재 일본에는 출소 후 즉각적으로 지도받을 수 있는 공공시설이 없다. 민간 시설이 몇 곳 있기는 하지만 강제력이 없어서 참여 여부는 출소자에게 맡기는 수밖에 없다. 참여하기로 했어도 꾸준히 나오지 않는 사람이 많고, 강제력이 없으므로 얼마든지 중단할 수 있다. 그렇게 해서 멀리할 수 있었던 범죄에 다시 손을 대게 된다.

캐나다에는 치료적 보호관찰이라는 제도가 있어서, 보호관찰 기간 중에는 의무적으로 프로그램에 참여하게 한다. 약물요법을 받는 사람은 정기적으로 혈액검사를 해서 약을 복용하지 않았다는 것이 밝혀지면 바로 재수감된다. 교정 시설 안과 밖에서의 대처가 맞물려 돌아간다. 그렇게 해서 재범률을 낮춘다. 사회 안에서 어떻게 그들을 '성추행을 저지르지 않는 나'로 바꿀 수 있을까? 다음 장에서는 현재 실행하고 있는 치료를 살펴보자.

제6장

성추행을
치료하는 방법

평생
가두어둘 수 없다

인터넷 포털 사이트에 기사가 올라오면 댓글이 달린다. 특히 성범죄 사건 뉴스에는 감정적이고 과격한 반응이 뒤따른다. 범인을 비난하는 댓글과 함께 "평생 거기서 썩어라", "거세시켜라" 같은 댓글이 달린다.

이런 댓글은 극단적이기도 하거니와 비방이나 중상모략에 지나지 않는 것도 많다. 용서할 수 없는 범죄를 저지른 가해자에게 분노가 치미는 것은 이해하지만, 가해자의 인권을 침해하는 댓글을 보면 차라리 눈을 감고 싶을 때가 많다. 그러나 다르게 생각해보면, 이런 댓글의 이면에는 저들이 사회로 돌아올 때 범죄를 되풀이할 것이라는 공포가 숨어 있다. 어떤 의미에서 보면 성범죄의 본질을 꿰뚫고 있는 것이다.

제5장에서는 성범죄 재범률과 재범 방지를 위한 공공 프로그램이 부재한 현실을 살펴보았다. 교도소에 수감된 성추행범의 대다수가 재범 방지 프로그램에 전혀 참여하지 못한 채 사회로 복귀한다. 교도소에서 시키는 노동을 하는 것만으로는 본질적인 행동 변화를 기대하기 어렵다. '성추행을 되풀이하는 나'에서 '성추행을 하지 않는 나'로 자아가 바뀌지 않은 채 트리거가 가득한 사회로 돌아온다. 결국 얼마 지나지 않아 재범을 일으키니, 차라리 사회에 돌아오지 않는 것이 낫다는 목소리가 나올 만도 하다.

성추행은 큰 사회적 손실을 야기한다. 우선 막대한 피해를 입은 피해 여성의 아픔이 있다. 지하철이나 시설을 운영하는 측에도 손해다. 2017년 상반기에 일본에서는 성추행범으로 의심받자 선로로 뛰어내려 도주하려고 한 남성에 관한 뉴스가 이어졌는데, 이로 인해 열차 운행에 차질이 생겨 많은 승객이 피해를 보았을 뿐 아니라, 선로로 도주한 남성이 사망하기도 했다.

그들이 체포되어 형기를 마치고 나오기까지 드는 비용

도 막대하다는 사실을 잊어서는 안 된다. 공식 통계 자료는 없지만 피의자 1명이 체포, 구류, 재판을 거쳐 확정판결을 받기까지 필요한 형사 절차와 이에 따르는 인건비를 계산해보면 1,000만 엔(약 1억 원) 이상의 세금이 든다고 한다. 형이 확정되어 교도소에 수감되면 수감자 1명당 연간 300만 엔(약 3,000만 원)의 예산을 책정한다고 한다. 만기 출소나 가석방을 제외하고 3년 만에 교도소를 나온다고 가정했을 때, 성범죄자 1명당 총 2,000만 엔(약 2억 원)가량의 공적 비용이 드는 셈이다.

성추행은 재범률이 높아 재범이 3범이 되기 쉽다. 수감될 때마다의 형기를 정확하게 알 수는 없지만, 성추행 3범 1명에게 적어도 몇 억 원의 세금이 투입된다. 그런데도 그들은 성추행을 멈추지 못하고 다시 체포되어 기소, 재판, 복역, 출소, 재범이라는 악순환을 반복한다. 체포된 성추행범에게 지급해야 하는 사회적 비용을 생각하면 성추행범을 평생 교도소에 가두는 것은 비현실적이다.

평생은 아니더라도 장기 복역시키는 것이 사회적으로 이익이라고 생각할 수도 있다. 성범죄는 피해에 비해 처벌이 너무 가볍다는 논쟁이 오래전부터 일었다. 그래서 성범죄 처벌이 강화되고 있다. 이는 환영할 일이지만 형기가 길어질수

록 출소 후에 고립감이 심해 재범 위험률이 높아진다는 사실
도 유념해야 한다. 또 교도소에 있는 편이 안전하고 생활도 보
장된다고 여기는 이들도 있다. 이들은 교도소로 돌아가려고
고의로 재범을 저지른다.

성추행범은 반드시 사회로 돌아온다. 그러므로 교도소
안에서 성범죄 재범 방지 교육을 해야 한다. 가석방자와 조건
부 집행유예자에게도 재범 방지 교육을 하고, 사회에 복귀한
후 장기적으로 치료받을 수 있는 제도가 필요하다. 그렇게 하
면 그들이 다시 성범죄를 저질러 피해자를 양산할 가능성도,
세금을 낭비할 가능성도 대폭 줄어든다.

재범 방지 치료의
3가지 기둥

내가 일하는 클리닉에서는 12년째 재범 방지 프로그램
을 운영하고 있다. 이 프로그램을 시작한 이래 다음 3가지를
치료의 주요 기둥으로 설정했다. 이를 바탕으로 각종 프로그
램을 마련하고 재범 방지 계획을 세워 수감자와 만나왔다. 성

의존증은 내·외과적 치료와는 다른 점이 많다. 한 번에 완치되지 않기 때문에 서서히 치료하는 데에 중점을 둔다. 재범 방지 치료의 3가지 기둥을 살펴보자.

● 재발 방지 relapse prevention

의존증은 재발하기 마련이다. 일본의 3대 의존증은 알코올·약물·도박으로 알려져 있다. 다시는 술을 마시지 않겠다, 약을 끊겠다, 도박에 손대지 않겠다고 결심하고 적절한 치료를 받는다고 해도 많은 의존증 환자가 재발을 경험한다.

재발 순간에 의존증 환자들은 큰 좌절을 맛본다. 지금까지 어렵게 끊고 살아왔는데 그 노력이 한순간에 원점으로 돌아갔으니 힘든 것이 당연하다. 그러나 이는 회복으로 나아가는 과정이다. 이러한 재발을 나는 슬립slip이라고 부르며 매우 중요하게 여긴다. 슬립은 자신과 자신이 겪어온 의존증을 다시 생각할 기회다. 무엇이 트리거로 작용했는지, 재발한 자신을 어떻게 느끼고 있는지 돌아보는 것은 회복으로 가는 중요한 과정이다.

그러나 다른 의존증과 달리 성 의존증은 절대 재발하면 안 된다. 성범죄에는 피해자가 존재하고 피해자의 존엄을 짓

밝기 때문이다. 세상에 드러났든 드러나지 않았든 어떤 성범죄도 되풀이되어서는 안 된다. 이런 까닭에 무엇보다 재발 방지가 중요하다는 인식을 공유해야 한다. 재발 방지는 피해자뿐 아니라 피해자 가족, 가해자와 가해자 가족, 나아가 사회를 위해서도 중요한 과제다.

● 약물요법

인터넷에서 성범죄와 관련된 뉴스의 댓글을 보면 거세시켜야 한다는 댓글이 꼭 등장한다. 성기로 상징되는 남성의 성욕이 죄의 근원이라는 사고방식에서 나온 표현이다. 하지만 성범죄의 동기를 성욕으로만 보면 그 안에 담긴 성폭력의 본질을 놓치게 된다. 한편 성적 자극으로 스트레스를 해소하려는 사람에게는 약물이 효과적이다. 약물이 강박적인 성행동이나 그것으로 연결되는 성욕을 억제하는 효과가 있다는 사실이 점차 밝혀지고 있다.

나는 약물요법을 실시할 때 반드시 참여자의 동의를 받고, 인권을 존중해 처방한다. 처방하는 약물은 항우울제의 일종인 SSRI(선택적 세로토닌 재흡수 억제제)다. 이는 우울증·공황장애·강박신경증에도 처방하는 약으로, 부작용 중 하나가 발기부전이다. 일반적으로는 곤란한 부작용이지만 바로 이 점 때문에 재범 방지를 목표로 하는 성 의존증 치료에 사용한다. 부작용을 역이용해 인위적으로 성욕이 억제된 상태를 만드는 것이다. 한 참여자는 이 약을 복용한 뒤 "전에는 표적 여성을 발견하면 계속 바라보다가 틈이 보이면 몸을 밀착했는데, 약을 먹은 뒤부터는 표적 여성이 지나가도 바라보지 않게 되었다"라고 말했다. 적절한 스트레스 코핑과 병행하니 효과적이었다는 참가자도 있었다.

사람에 따라 항정신병약을 처방하기도 한다. 항정신병약은 SSRI보다 약효가 강해서 장기간 복용하면 40~60퍼센트가 발기부전을 경험한다고 한다. 그러나 복용 초반에는 메스꺼움 등 부작용이 강하기 때문에 마구 복용해서는 안 된다. 동작이 느려지고 자신이 낯설게 느껴지거나 불안해지는 부작용도 있다. 익숙해지기까지는 힘들지만, 약물의 힘을 빌려서라도 성적 욕구에서 해방되려는 사람들도 있다.

술을 마시면 성범죄를 저지르는 사람에게는 항주제抗酒劑를 처방하기도 한다. 술이 트리거가 되는 사람은, 술을 마시지 않으면 범죄를 저지를 위험이 사라진다. 항주제는 알코올 의존증 치료에도 사용하는데, 항주제를 복용하면 술을 조금만

마셔도 구토를 하고 두통이 생기며 가슴이 두근거려 몹시 불쾌해진다. 한 번이라도 체험해보면 이 약을 복용하는 동안은 절대 술 생각이 나지 않는다고 한다.

　약물요법은 모든 성추행범에게 실시하는 방법이 아니다. 나도 원하지 않는 참여자에게는 복용을 강요하지 않는다. 그러나 클리닉에서 먼저 약물 복용을 제안하는 것이 일반적이다. 약물을 복용하면 성욕이나 성적 충동에 휘말리지 않게 되고 프로그램에 집중할 수 있기 때문이다. 물론 판단은 당사자에게 맡긴다. 실제로 자신의 문제 행동이 강한 성욕 때문이라고 느끼는 참여자가 스스로 약물요법을 희망하는 경우도 꽤 많다.

　그러나 약물 복용이 장기화되어서는 안 된다. 치료 초기에 스트레스 코핑에 도움이 될 정도로만 복용하고, 위험 요인 관리를 제대로 할 수 있게 되면 약을 서서히 줄여나가다 완전히 끊게 해야 한다. 약을 끊고도 성추행을 저지르지 않게 되는 것이 가장 이상적이다.

　캐나다와 프랑스 등에서는 약물요법을 의무화하고 있다. 정기적인 혈액검사로 혈중농도를 측정해 처방한 약물을 잘 복용하고 있는지 확인한 다음 제대로 복용하지 않는 것이 확인되면 재수감한다. 나는 일본에도 이렇게 강제성 있는 치료 제도가 필요하다고 생각한다. 적어도 보호관찰 기간만이라도 의무적으로 치료를 받을 수 있어야 한다. 특히 교도소에서 출소해 사회에 복귀하는 시점에, 출소자 전원까지는 아니더라도 약물 처방이 필요한 사람에게는 약물요법을 의무화하는 제도가 있어야 더 확실한 재범 방지가 가능하다. 약물요법은 단순히 약으로 욕구를 억누르는 것이 아니다. 약물요법은 다른 치료에도 동기를 부여해주는 중요한 기둥이다.

미국에는 마약 관련 범죄만 재판하는 마약 법원drug court이 설치된 지 오래다. 여기서는 처벌보다 치료를 받게 함으로써 마약을 끊고 다시 마약에 손대지 않게 한다. 음주운전 법원도 있어서 음주운전을 한 사람을 알코올에서 벗어나게 하는 프로그램도 제도화되어 있다. 치료적 보호관찰이라고 해서 반년 또는 1년간 강제로 프로그램에 참여하도록 의무화한 나라도 있다.

성범죄는 피해자가 있기 때문에 처벌을 안 할 수 없지만, 출소 후 일정 기간 치료에 의무적으로 참여하게 하는 제도가 필요하다. 의료 시설과의 연계도 중요하다. 의존증 치료를 도와줄 가족이 있는 사람도 있지만, 보호자 없이 고립된 채 사회에 널려 있는 트리거에 대처하지 못하고 재범 위험을 높여가는 사람도 많다.

● 가해행위에 대한 책임

가해자는 가해 기억을 금세 망각한다. 만원 지하철 안에서 하이힐에 발을 밟혔다고 하자. 발을 밟은 사람은 이 일을 금방 잊을 수도 있지만 밟힌 사람은 발에 멍이 들거나 상처가 남을 수도 있기 때문에 쉽게 잊지 못한다. 가해자의 기억 망각 현상은 이와 비슷하면서도 이보다 훨씬 심각하다. 가해자가 자신의 행위를 기억하지 못하는 것은, 성범죄뿐 아니라 모든 범죄에서 공통으로 나타나는 특징이다. 매우 무책임한 태도지만 책임을 추궁하면 재범 위험이 높아진다는 딜레마가 있다.

나는 재범을 저지르지 않는 것을 가장 중요하게 생각한다. 인지 행동 요법으로 가해자에게 어떤 위험 요소가 있는지, 트리거는 무엇인지 파악해 그것을 어떻게 피할 것인지, 스트레스를 어떻게 해소할 것인지 등 재범을 막기 위한 위험 요인 관리를 우선시한다.

하지만 사람의 내면이 바뀌려면 긴 시간이 필요하다. 몇 년이 걸리든 계속한다는 각오가 필요하다. 돌이킬 수 없는 잘

못을 저질렀으니 평생 반성해야 한다는 식으로 압박하면 그들
은 점점 안으로 숨고 내면의 변화는 요원해진다.

나는 위험 요인 관리를 우선시하지만, 그렇다고 아예 책
임을 묻지 않는 것은 아니다. 참여자들은 인지 행동 프로그램
에 참여하며 전문가와 함께 책임에 대해 생각한다. 꾸준히 치
료를 받는다는 것 자체가 자신의 행동에 책임을 지려는 태도
라고 할 수 있지만 그것만으로는 부족하다. 책임을 진다고 말
하기는 쉬워도 행동으로 보여주기는 어렵다. 그래서 우리 클
리닉에서는 다음 3가지 방법으로 참여자가 스스로 책임에 대
해 생각하게 한다.

재발 방지 책임

모든 가해자가 다시 범죄를 저지르지 않기 위해 노력해
야 한다는 의무를 말한다. 그러려면 치료를 꾸준히 받는 것,
약을 복용하는 것, 모임에 참여하는 것, 자위를 끊는 것 등을
해야 한다.

설명 책임

자신이 저지른 일을 솔직하게 고백하고 잘못을 드러내

보임으로써 다시는 같은 죄를 반복하지 않겠다고 맹세하는 것
이다. 과거에 저지른 범죄뿐 아니라 스스로 정한 규칙을 깨고
유해 사이트에 들어갔거나 자위를 했을 때도 솔직하게 말할
수 있어야 한다. 있어서는 안 되는 일이지만, 재범을 저질렀을
때도 마찬가지다. 모든 것을 표현하고 솔직하게 고백하는 것
은 충동에 이끌려 다시 성추행을 시작하는 것과 정반대에 있
는 행위다. 고백은 앞으로 일으킬 문제 행동의 브레이크가 되
기도 한다.

　하지만 이는 쉬운 일이 아니다. 이들은 피해자의 존재를
무시하고, 자기 합리화를 하려고 인지를 왜곡하던 이들이다.
성범죄자가 정확하고 자세하고 솔직하게 이야기하기는 무척
어렵다.

　어떤 남성이 성추행으로 체포되어 집행유예 판결을 받
은 후 나를 찾아왔다. 프로그램에 참여하는 태도가 몹시 진지
했을 뿐 아니라 가족의 지원을 받아 점차 회복하는 것처럼 보
였다. 그러던 어느 날 경찰이 찾아왔다. 그가 몇 년 전에 발생
한 강제 추행 사건의 용의자로 체포된 것이다. 겉으로는 진지
하게 노력하는 것처럼 보였지만, 과거의 가해행위를 숨긴 시
점부터 이미 그는 진지하게 책임질 마음이 없었던 것이다.

"솔직하게 살자"는 의존증에서 회복하려면 반드시 기억해야 하는 말이다. "나는 24시간 365일 한순간도 솔직하지 않은 적이 없었다"고 떳떳하게 말할 수 있는 사람은 없다. 특히 의존증에 빠진 사람은 과거의 잘못을 숨기려고 거짓말을 한다. 약에 손을 대고, 술을 마시고, 도박 자금을 빌리는 등 문제 행동을 계속하려고 아무렇지 않게 거짓말을 한다. 다시 하지 않겠다고 말하지만 행동은 바꾸지 못하고, 가족에게 질타를 받으면서도 공허한 약속을 반복한다. 그런 생활 방식을 바꾸지 않으면 회복은 불가능하다. 거듭 질문받고, 거듭 말하고, 비슷한 경험을 한 동료들의 체험을 듣고 또 들으면서 책임감이 생겨야 자신의 잘못을 깨닫고 회복으로 나아갈 수 있다.

사죄와 속죄

형식적인 사죄가 아니라 마음에서 우러난 사과를 하고 벌을 받겠다는 자세는, 피해자에게 돌이킬 수 없는 잘못을 저질렀다는 사실을 깨닫고 공감할 수 있는 능력에서 나온다. 하지만 사람은 자신이 체험하지 못한 일에 공감하기 어렵다. 상상력이 미치는 범위에서는 어느 정도 가능하나, 성범죄 가해자와 피해자의 간극은 상당히 커서 상상력을 발휘하기가 쉽지

않다. 가해자가 피해자에게 사죄하는 것을 종종 보지만, 진정
성 있게 들린 적은 별로 없는 것도 이런 이유다.

성범죄자가 피해자의 입장에 서서 피해자의 감정을 이
해하는 것은 몹시 어렵다. 그렇다고 포기하면 다음 단계로 나
아가지 못한다. 회복은커녕 뒷걸음질 치게 된다. 나는 그들에
게 "당신이 한 말을 피해자가 들으면 어떤 느낌을 받을까요?",
"당신이 한 행동을 피해자가 보면 어떨까요?"라고 여러 차례
묻는다. 일대일 면담에서 물을 때도 있고, 그룹 미팅을 진행할
때도 물어본다.

이렇게 반복함으로써 자신이 한 말이나 행동을 잠시라
도 깊이 생각하고 자문하게 하려는 것이다. 그렇게 하면 내면
에 있던 인지 왜곡과 잘못된 여성관을 스스로 깨달을 기회가
생긴다. 그런 과정이 없이는 아무리 치료를 계속해도 이미 익
숙해진 인지 왜곡에서 벗어나기 어렵다.

나는 이것을 '이중 클라이언트 구조'라고 부른다. 내 클
라이언트는 눈앞의 참여자다. 하지만 그 배경에는 그에게 피
해를 입은 피해자가 있다. 피해자의 존재를 빼놓고 참여자와
마주할 수 없다. 피해자가 어떻게 받아들일지, 어떻게 생각할
지가 머릿속에서 떠나지 않는다.

성범죄자에게 진정한 사죄와 속죄란 무엇일까? 그것은 방법론의 형태로는 표현할 수 없다. 위험 요인 관리와 행동 변화를 목표로 하루하루 노력하다 보면 아주 조금씩 내면이 바뀔 것이라고 나는 생각한다. 타인에 대한 공감 능력을 키우고 사람에 대한 신뢰를 다시 쌓아나가다 보면 말하는 법, 자세, 눈빛, 걸음걸이 등 생활 구석구석에서 달라지는 것이 보인다. 사죄와 속죄하는 길은 생활 방식을 바꾸는 것뿐이다.

치료까지는
최소 3년

내가 실시하는 성범죄 치료의 3가지 기둥은 재발 방지와 약물요법, 가해행위에 책임을 지는 것이다. 어떤 치료법을 어떻게 적용할지는 위험 수준을 평가해 결정한다. 처음부터 가족이나 변호사와 함께 오는 사람도 있다. 나는 위험 평가 도구인 Static-99를 사용해 위험도를 평가한다.

'Static'이란 '정적인'이라는 뜻이다. 위험 요인에는 동적인 것과 정적인 것이 있다. 동적인 위험은 바꿀 수 있는 위험 요인이다. 약물요법 항목에서 이야기한 알코올이 여기에 속한다. 술을 마시지 않으면 가해행위를 하지 않는다면, 술을 끊을 방법을 연구하면 된다. 그러므로 알코올은 동적인 위험 요인이다. 그런가 하면 치료받을 당시의 나이, 성범죄 이력, 지인 중에 피해자가 있는지 등 바꿀 수 없는 위험 요인도 있다. 이것이 정적인 위험 요인이다. Static-99는 정적인 요인을 대상으로 하는 치료 방법이다.

성범죄 피해자가 시간이 흘러 성범죄 가해자가 되는 일도 있다. 그러나 과거의 학대 이력은 치료 대상이 되지 않는다. 과거의 유죄 판결 횟수도 고려하기는 하지만, 그보다 상습성에 주목한다. 단순히 범죄의 종류에 따라 강간은 고위험군, 성추행은 저위험군으로 분류하는 게 아니라 성폭력 이외의 범죄 이력이 있는지, 있다면 접촉형 성범죄인지 폭력형 성범죄인지 등 범죄 내용과 심각성을 바탕으로 치료 내용을 결정한다. 성추행을 저질러 고위험군으로 분류된 사람은 많지 않지만, 성추행과 다른 성범죄를 같이 저질러 고위험군으로 분류되는 사람은 있다.

Static-99를 바탕으로 향후 치료 기간과 방법을 결정한다. 내가 일하는 클리닉에서는 성범죄와 성 의존증에 특화된 전문 치료 그룹을 SAGSexual Addiction Group meeting라고 부른다. 치료 기간은 위험도와 상관없이 최소 3년이다. 치료 빈도와 걸리는 시간은 각기 다르지만, 첫 반년 동안은 집중적으로 치료받을수록 좋다. 참여자들은 빨리 치료를 끝내고 직장을 구해 일상으로 돌아가고 싶어 하지만, 아무것도 바뀌지 않은 상태에서 사건 당시와 똑같은 생활로 돌아간다면 재범 위험은 커질 수밖에 없다.

이야기하고
요리하고 운동하고
●

집중 치료에 활용하는 주 6회 프로그램을 간단히 소개한다. 월요일부터 토요일까지 아침 9시부터 저녁 7시까지 식사 시간을 제외하고 종일 참여하는 프로그램이다. 마치 학교처럼 시간표가 짜여 있다. 자신의 과거를 되돌아보는 시간, 의존증 치료법과 형사 절차 등을 알려주는 시간, 피해자의 수기나 관련 책을 읽고 생각해보는 시간 등으로 구성되어 있다. 인지행동 요법도 배우며 자신의 성 의존증을 고찰해보게 한다.

이 프로그램 참가자들은 자신과 비슷한 의존증을 앓고 있는 사람들과 함께 성범죄 사례에 관해 이야기를 나눈다. 다른 사례를 들으며 자신의 범죄를 비추어보는 것이다. 위험이나 스트레스 코핑에 대한 생각도 나누고, 의사 표현을 잘 하지 못하는 성격 탓에 성범죄에 이르게 된 이들은 이성과 적절하게 커뮤니케이션하는 방법도 배운다. 미팅 진행자가 되어보기도 하고, 데이터를 살펴보고 대화를 나누며, 상대방의 처지에서 생각하는 훈련을 한다. 이 모든 과정을 통틀어 가장 중요한 점은 동료가 있다는 사실이다. 혼자서는 자신의 문제를 제대로 보지 못한다.

같이 요리를 하거나 영화를 감상하는 프로그램도 있다. 얼핏 노는 것처럼 보일 수 있지만 동료들과 함께 요리를 하면서 타인과 협력하는 방법을 배우게 하는 것이다. 인지 행동 요법에서는 꾸준히 운동하고 규칙적인 생활을 유지하는 것을 중요하게 여긴다. 나는 주로 90분 동안 걷게 해서 참여자가 운동하는 습관을 지닐 수 있도록 이끈다.

예술 행동 요법에서는 연날리기, 복싱, 가라테, 홀라댄스, 풋살 등을 한다. 즐거운 활동을 하게 함으로써 스트레스 코핑의 선택지를 늘리는 것이다. 대회나 발표회 등을 열어 뚜

렷한 목표를 갖고 적극적으로 참여할 수 있도록 북돋는다.

중요한 것은 지속하는 것이다. 매일 클리닉에 다니며 동료들과 만나고 조금씩 성장한다는 점에서 학교와 비슷하다. 그러나 되도록 엄격하게 하지 않으려고 한다. 참여자가 기분 좋은 긴장감을 느끼는 정도가 좋다. 프로그램을 중도 포기하지 않고 꾸준히 참여하는 것이 무엇보다 중요하다.

대화하는 법을
가르친다

프로그램을 반년 정도 지속하면 직장을 구하거나 사회 생활을 다시 시작하는 사람이 생긴다. 그런 사람은 야간 프로그램에 참여하게 한다. 야간 프로그램에는 워크북을 사용한 인지 행동 요법이 들어간다.

성 의존증의 메커니즘을 이해하고 어떻게 대처해야 끊을 수 있을지 배우는 재발 방지 세션이나 SCASexual Compulsives Anonymous라는 성 의존증 자립 그룹에서 먼저 회복한 동료들이 들려주는 체험담을 바탕으로 회복 이미지를 구축하는 SCA

메시지 등이 있다.

의외로 인기 있는 프로그램은 교도소에서 온 편지다. 성범죄로 복역 중인 수감자와 편지를 주고받는 것인데, 수감자에게도 효과적이다. 자신을 걱정해주는 사람과 접점을 가짐으로써 재범을 방지하는 게 목적이다. 프로그램 참여자 중 수감 경험이 있는 사람은 과거 자신의 체험을 떠올리고, 수감 경험이 없는 참여자는 '나도 감옥에 갈 수 있다'라고 생각하며 정신을 바짝 차린다.

다양한 프로그램 중에서도 가장 중요한 것은 그룹 미팅이다. 접촉형(강간이나 강제 추행 등)과 비접촉형(불법 촬영, 속옷 절도 등)으로 나누어 진행하는데, 같은 문제가 있는 사람들끼리 솔직하게 내면을 드러내고 의견을 나누는 장이다. 대화 주제는 계속 바뀐다. 예를 들어 '체포되었을 때', '가족', '피해자', '회복'처럼 자신과 연관된 주제에 대해 토론하기도 하고, 언론에 보도된 사건이나 가해자 가족의 상담 내용을 주제로 삼기도 한다. 참여자의 발언에서 인지 왜곡이 드러나면, 그것을 반드시 짚어 의견을 나누게 함으로써 발언자 스스로 인지 왜곡을 깨닫게 한다. 의견을 강요하지는 않는다.

몇 번 참여하다 그만두는 사람이 있는가 하면, 몇 년 동안 참여하는 사람도 있다. 신입 참여자와 경험 많은 참여자 양쪽 다 서로 영향을 주고받는다는 데 그룹 미팅의 의의가 있다. 신입 참여자는 경험 많은 참여자의 이야기를 들으며 어떻게 성추행을 그만둘 수 있는지 배우고, 경험 많은 참여자는 신입 참여자의 이야기를 들으며 초심으로 돌아갈 수 있다. 이렇게 상호작용이 이루어지는 동안 솔직한 체험담을 자연스럽게 나누는 분위기가 조성된다. 다른 참여자에게서 내 모습을 보고 그동안 알지 못했던 내 모습을 발견하는 효과가 있다.

　　미팅에 여성 스태프가 참여하기도 한다. 이들은 참여자의 이야기를 여성 관점에서 듣고 어떻게 느꼈는지 솔직하게 피드백한다. 비판하는 것이 아니라 '나는 이렇게 생각한다'는 것을 말해준다. 여성 스태프의 참석 여부에 따라 말하는 내용이 달라지기도 하는데, 거기에서 깨달음을 얻기도 한다. 남자 스태프와 여자 스태프가 함께 진행을 맡기도 한다. 대등한 남녀 관계를 보여주고 커뮤니케이션하는 방법을 익히게 하려는 것이다.

위험 요소를
관리하게 한다

●

성범죄 재발 방지와 성 의존증 치료는 모두 인지 행동 요법에 기반을 둔다. 인지 왜곡을 바로잡고 의견을 적절히 주고받게 하며, 생각하는 방식을 배우게 함으로써 재발 방지 메커니즘을 익히게 한다.

그중에서도 가장 중요한 것은 위험 요인 관리 계획RMP, Risk Management Plan이다. 나는 재범 방지 프로그램 참여자에게 재발 위험 요인을 어떻게 관리할지 한 달에 한 번 계획을 세우게 한다. R3 프로그램에도 마지막 단계에 이와 비슷한 과정이 있다. 교도소와는 다른 사회의 위험 요소들에 어떻게 대처할지 계획을 세워야 하기 때문이다.

나는 우선 '되고 싶은 자신'의 모습을 적고 그렇게 되기 위한 구체적인 방법을 적게 한다. 참여자가 무엇을 성추행을 반복하게 하는 위험 요인으로 생각하는지, 그것에 어떻게 대처할지 상황을 예상해 적게 한다. 세부적인 사항은 다음과 같다.

● 중요 인물

의존증 치료는 단순히 끊는 것이 목표가 아니라 끊은 상태를 유지하는 것이 중요하기 때문에 오랜 여정을 함께해줄 사람이 필요하다. 그러므로 가까운 사람 없이 고립되는 것은 매우 위험하다. 중요 인물은 상담을 해주는 등 마음 기댈 곳이 되어줄 뿐 아니라 위험 상황에 빠졌을 때 스트레스 코핑에 도움을 주거나 인터넷 관리 규칙을 정해주는 등 구체적으로 지원해줄 수 있는 존재다.

중요 인물의 조건에는 2가지가 있다. 첫 번째는, 당사자의 성범죄 이력을 모두 알고 있는 사람이어야 한다는 것이다. RMP를 공유하는 존재이므로 성범죄 이력이나 범행 패턴, 악순환 사이클을 알고 있어야 한다. 두 번째는, 위험해졌을 때 솔직하게 이야기할 수 있는 사람이어야 한다. 성범죄를 저질렀던 이들은 문제 행동에 이를 때 중요 인물을 피하거나 그들과 거리를 두고 혼자 있으려 한다. 그럴 때 솔직하게 "내가 지금 위험한 것 같다", "성추행 충동이 높아졌다"라고 의논할 수 있는 사람이 있어야 한다. 중요 인물은 성범죄 재발을 막아주는 브레이크 역할을 한다.

중요 인물은 여러 명 있는 것이 좋다. 중요 인물이 1명뿐이면 그 사람이 의논해주지 못할 때 단숨에 코핑 수준이 저하되는 문제가 발생한다. 마음 둘 만한 사람을 여러 명 두는 것이 재발 방지에 좋다.

중요 인물은 성적인 면을 포함한 사생활의 깊숙한 부분을 공유하므로 신뢰가 강한 사람으로 정해야 한다. 기혼자라면 대부분 아내를 중요 인물로 정하고, 미혼자는 부모나 형제를 중요 인물로 정한다.

● 느린 트리거와 그에 대한 코핑

자연스럽게 성추행을 반복하며 "스위치가 켜졌다"라고 말하는 가해자가 많다는 사실을 제2장에서 살펴보았다. 스위치를 켠 사람은 다른 누구도 아닌 자신인데도 마치 누군가가 멋대로 스위치를 눌러서 성추행을 저지를 수밖에 없었다는 이 변명은 너무나 뻔뻔하다.

그러나 문제 행동을 불러일으키는 트리거가 그들 주변에 널려 있는 것은 사실이다. 트리거를 자극할 환경을 내버려두면, 언제 재범을 일으켜도 이상하지 않다. 무엇이 트리거가 되는지는 사람마다 다르다. 자신의 트리거가 무엇인지 파악해 코핑 방법을 찾을 필요가 있다. 가해자는 자신이 저지른 행위를 쉽게 망각하므로, 과거 가해행위에 이르렀을 때의 상황과 마음 상태를 돌이켜보고 작은 일까지도 기억해야 한다.

트리거에는 외적인 것과 내적인 것이 있다. 외적인 트리거는 만원 지하철, 표적이 될 것 같은 여성, 시간대 등의 상황이다. 내적인 트리거는 마음의 상태나 편향된 사고방식, 기억 등이다. 외적인 트리거와 내적인 트리거는 성격이 다른 만큼 각각에 대한 코핑 방법도 달리 설정해야 한다.

느린 트리거란 문제 행동이 시작되기 전에 찾아오는 간접적인 요인을 말한다. 이를테면 좋아하는 스타일의 여성이 나타나는 것을 들 수 있다. 그러면 그들의 내면에서 위험 요인이 요동친다. 나는 느린 트리거에 관해 사람 · 장소 · 시간 · 상황 · 감정(생리 반응)이라는 항목으로 나누어 적게 하는데, 이 항목들이 복합적으로 작용해 하나의 트리거가 된다. 이 단계에서 대처를 잘하면 문제 행동으로 연결되지 않는다.

대처할 수 있는 패턴이 늘면 코핑의 선택지도 많아진다. 예를 들어 지하철이 장소 트리거가 되는 경우, 지하철을 이용하지 않는 것이 가장 좋다. 하지만 어쩔 수 없이 지하철을 이용해야 하는 상황이 생길 수도 있다. 만일의 상황까지 생각해두지 않으면 코핑이 제 역할을 하지 못한다. 지하철이 붐비면 지각을 무릅쓰고라도 일단 하차한다든지, 표적이 될 것 같은 여성이 근처에 있다면 차를 바꿔 탄다든지, 손잡이에 양손을 올리고 있는 등 문제 행동에서 멀어질 수 있는 구체적인 방법을 찾아야 한다.

느린 트리거 대처 방법 중에는 '인지 왜곡 수정(셀프 토크)'도 있다. 좋아하는 스타일의 여성이 눈앞에 나타나고, 살짝 만질 수 있을 것 같은 상황이 조성되었다고 하자. 그때는 이미 인지 왜곡이 일어난 뒤다. 이것을 경고신호로 인식할 수 있도록 습관을 기르는 것이다. '이런 생각은 경고감이야', '이렇게 생각하면 악순환에 빠질 거야!' 등의 셀프 토크를 하며 자기 생각이 잘못되었음을 깨닫는 습관을 익혀야 한다.

● **경고신호와 그에 대한 코핑**

프로그램 참여자들에게 재범 위험이 높아지는 상황을 써달라고 했더니, 자기가 세운 습관과 규칙을 깨거나 중요 인물에게 거짓말하는 것 등을 적었다. 가족에게는 클리닉에 간다고 하고 집을 나왔지만, 실제로는 클리닉에 오지 않은 참여자도 있었다. 일을 열심히 했으니 성추행을 해도 된다고 생각하는 등 인지 왜곡이 심해지거나 인터넷 이용과 자위 관리 규칙을 깨기도 했다.

재범을 막기 위해 세운 규칙이 하나둘씩 깨져나가면 재범은 시간문제가 된다. 이에 대한 대책은 파괴된 습관을 되돌리고 중요 인물이나 전문 기관의 도움을 받는 것이다. 중요 인물인 아내나 가족이 일정을 관리하게 하고, 그들이 자기 위치를 파악할 수 있게 하는 등 생활 전반을 다시 볼 필요가 있다.

무언가를 숨기려고 거짓말하는 것은 위험한 상태다. 그러나 행동으로 옮기기까지는 아직 시간이 있다. 이 상태에 이르면 위험도가 높아지기 때문에 경우의 수를 검증한다. 거기에는 3가지 요인이 있다.

첫 번째는 예기치 못한 상황에 직면했을 때다. 치료 초기에는 위험 요인에 비교적 쉽게 대처할 수 있지만 예측하지 못한 상황, 이를테면 지하철 사고가 나서 평소에 타던 지하철이 갑자기 붐비는 것처럼 뜻밖의 상황이 일어나면 환자는 공황 상태에 빠져 위험도가 단숨에 높아진다. 두 번째는 일상 습관이 무너지는 것이다. 야근의 연속→퇴근 후 회식→인터넷 장시간 이용→수면 부족이라는 불규칙한 생활 방식으로 스트레스가 쌓이면 문제 행동을 일으키게 된다. 세 번째는 결정이다. 별것 아닌 것 같은 결정이 문제 행동을 불러일으키기도 한다. 아침에 약간 늦게 일어나는 바람에 평소 피하던 만원 지하철을 타게 되는 것처럼 말이다. 무의식중에 한 행동의 숨은 의미를 파악한 다음, 그 같은 위험 요인을 다시 맞닥뜨렸을 때 대처할 수 있는지 검증해야 한다. 이를 반복함으로써 RMP를 정밀하게 실행해 위험 요인 관리 능력을 높인다.

나는 그 방법의 하나로, 두드러진 인지 왜곡을 다양한 각도에서 생각하고 내용을 적어보게 한다. 이를테면 '딱 붙는 옷을 입은 여성은 성추행을 당해도 된다'는 왜곡이 강하게 자리하고 있다면 그 생각에 대해 11가지 질문을 던지고 답을 적게 한다. 질문은 다음과 같다.

- 그 생각이 괜찮다고 판단한 근거나 사실은?
- 그 생각이 괜찮지 않다고 판단한 근거나 사실은?
- 그 생각을 믿어서 얻을 수 있는 긍정적 가치는?
- 그 생각을 믿어서 얻을 수 있는 부정적 가치는?
- 그런 생각이 재범 위험을 높이지 않을까?
- 그런 생각 때문에 누군가 상처받지 않을까?
- 그런 생각을 하면 기분이 좋아지는가, 나빠지는가?
- 그런 생각이 나중에 문제 행동을 일으키지 않을까?

- 만약 다른 인지 왜곡을 하고 있다면 그것은 무엇일까?
- 그 상황에서 다른 사람은 어떻게 생각하고 행동할까?
- 만약 동료가 그런 생각을 하고 있다면 어떤 말을 해줄 수 있을까?

범죄를 저지를 위험이 높아졌을 때 이 내용을 떠올리거나 인지 왜곡을 다시 생각함으로써 위험률을 낮출 수 있다. 이쯤 되면 신호등에 노란불이 켜진다. 어떻게든 이 단계에서 멈추어야 한다.

● 빠른 트리거와 그에 대한 코핑

노란불이 깜빡이기 시작해 빠른 트리거가 당겨지면 언제 빨간불로 바뀌어도 이상하지 않다. 행동으로 옮기는 것은 그야말로 시간문제다. 이 상황이 되면 수면 부족과 과로, 분노에 휩쓸려 자포자기 상태가 되어 내면에서 일어나는 변화에 대처할 수 없게 된다.

이 상태가 되면 '이번이 마지막'이라고 생각한다는 사람도 있는데, 이 말이야말로 의존증 환자들이 입버릇처럼 하는 말이다. "이번만 마시고 다시는 안 마신다", "경마장은 이번이 마지막이다" 등 아주 쉽게 들을 수 있다. 이를테면 다이어트를 결심했는데, 눈앞에 먹음직스러운 케이크가 있다. 이것만 마지막으로 먹고 내일부터 다이어트하자고 생각한다. 그런데 그게 정말 마지막일까? 지금 눈앞에 있는 케이크를 먹기 위해 자기 합리화한 결과 만들어낸 주문이 '이번이 마지막'이라는 인지 왜곡이다. '그러니 먹어도 된다', '그러니 성추행해도 된다'라고 허락하는 것이기도 하다. 이런 말을 떠올렸다는 것은, 물이 가득 차 금방이라도 넘칠 것 같은 컵처럼 문제 행동에 대한 갈망이 넘칠 듯 말 듯 아슬아슬한 상태라는 뜻이다. 여차하면 넘쳐서 되돌릴 수 없게 된다.

이 단계에서의 코핑은 범죄와 재활을 가르는 마지막 관문이다. 이를테면 여성의 머리카락에서 풍기는 샴푸 냄새가 빠른 트리거가 되는 사람도 있다. 그 냄새를 맡은 순간 자제력을 잃고 자신을 억제하지 못하게 된다. 그래서 그는 마스크를 쓰고 지하철을 탄다는 규칙을 정했다. 트리거가 당겨진 뒤에는 이미 늦기 때문이다.

많은 프로그램 참여자가 "중요 인물에게 전화해 위험한 상황을 알리고 멈춘다"는 계획을 세운다. 그러나 이것은 늘 가능한 방법은 아니다. 그러므로 여러 가지 대처 방법을 마련해두어야 한다. '캡사이신 소스를 핥는다', '손등을 꼬집는다', '손목에 건 고무줄을 튕긴다'처럼 다른 감각을 자극하는 것도 좋은 방법이다. 이는 충동에서 벗어나 갈망을 억누를 수 있는 계기가 된다. 그러나 방법과 효과는 사람마다 달라서, 자신에게 맞는 코핑 방법을 발견해야 한다.

극단적으로 말해, 법에 저촉되지 않는 선에서 수단과 방법을 가리지 않고 성추행 충동을 막아야 한다. 큰 소리를 내서 내 존재를 주변에 알리는 것도 도움이 된다. 물론 잠깐 부끄러워지겠지만, 부끄러워지는 것보다 가해행위를 멈춰 피해자를 양산하지 않는 것이 중요하다.

'달라지는 나'에 매료되지 말 것

'나는 위기 상황에도 잘 대처할 수 있다'라는 성공 체험은 단단한 인지 왜곡을 조금씩 무너뜨린다. 자존감이 낮아 가해행위를 하게 된 이들에게 이러한 성취는 귀중한 경험이 된다. 행동의 변화가 내면도 바꾼다. 그러나 행동 변화도 매일 반복하면 타성이 생긴다. 그래서 나는 매달 위험 요인 관리 계획을 갱신하고 새로운 과제를 부여해준다.

타성은 자만심으로 연결된다. 자만하다 보면 목적에서 어긋나기 시작한다. 다시는 성추행을 하지 않는 것이 원래 목적인데 어느새 계획서를 잘 쓰는 것, 상담사에게 좋은 평가를 받는 것이 목적이 된다. 계획서를 보고 '내가 보아도 참 잘 썼네'라거나 '완벽하군'이라고 생각했다면, 본말이 전도된 것이다. 과거의 자신을 반성하는 것을 넘어 피해 여성이 본다면 어떻게 생각할지, 이해할 만한 내용일지 자문하지 않으면 더는 성장할 수 없다.

프로그램은 장기간 진행되기 때문에 참여자에게도 기복이 나타나기 마련이다. 프로그램에 참여하는 동기부터 제각각이다. 가족에게 이끌려 어쩔 수 없이 온 사람이 있는가 하면 굳은 결심을 하고 직접 찾아온 사람도 있다. 후자의 치료 효과가 더 좋을 것으로 생각하기 쉽지만, 치료 의지와 치료 효과 사이에는 상관관계가 없다. 그보다는 얼마나 꾸준히 치료를 받는지가 중요하다. 처음에는 의지가 거의 느껴지지 않았지만 성실하게 프로그램에 임하며 의지가 높아지는 경우도 적지 않기 때문이다. 초반의 치료 의지는 중요한 요인이 아니라고 생각해도 틀리지 않다.

위기가
다가온다

●

치료에 임하는 태도가 좋다고 해서 반드시 회복되는 것
도 아니다. 가해자 임상이 어려운 이유가 여기에 있다. 그들에
게는 치료가 면죄부로 작용하기 때문이다. 이를테면 그들은
자신이 치료를 받으면 가족이 안심한다는 사실을 알고 있다.
가족은 그들에게 무척 중요한 존재다. 가족의 지원이 치료에
긍정적인 영향을 준다는 것은 명백한 사실이므로, 가족을 안
심시켜야겠다는 동기 자체는 나쁘지 않다.

그러나 성폭력 피해 여성의 입장에서 생각해보자. 가해
자가 본인의 가족을 안심시키려고 치료를 받는다는 것을 알면
어떤 기분이 들까? 성폭력의 피해는 당사자뿐 아니라 그 가족
들에게도 미친다. 피해자의 시선에서 보고, 생각하는 것이 자
신이 저지른 가해행위에 대해 책임지는 것이다.

가해자의 가족도 보여주기 위해 치료를 받는다는 것을

알면 달갑지 않을 것이다. 그럴 거라면 애초 성추행을 저지를 때는 왜 가족을 떠올리지 않았을까? 가해자 가족의 복잡한 심경은 다음 장에서 자세히 살펴볼 테지만, 당사자의 이러한 치료 태도는 가족 관계의 재구축이나 가족 전체의 회복에 도움이 되지 않는다.

　의무적인 치료 제도가 없다는 것은 곧 치료를 중도에 그만두는 사람이 있다는 뜻이다. 나는 그들이 치료를 중단하는 이유를 알 수 없다. 그저 오랜 임상 경험에 비추어 도중에 그만두기 쉬운 유형을 알 수 있을 뿐이다. 바로 집행유예나 보호관찰 기간이 끝난 사람들, 그리고 취직해서 사회에 복귀하는 사람들이다.

　집행유예를 받은 상태에서 사회생활을 하는 이들에게 집행유예 종료는 매우 중요한 일이다. 집행유예 기간에 재범을 저지르면 다시 수감되기 때문에 그들은 자연스럽게 집행유예가 끝나는 날을 치료가 끝나는 날로 정한다. 그리고 집행유예가 끝나면 다시 성추행을 저지른다. 유감스럽지만 아주 흔한 패턴이다.

　체포를 당하면서 직장을 잃었다가 다시 어렵게 취직하면 다른 무엇보다 직장을 우선시하는 것이 몸에 배는 모양인

지, 그런 참여자는 대부분 클리닉에 오는 횟수가 현저하게 줄
어든다. 아예 발길을 끊는 사람도 있다.

　　돈은 벌어야 하는데 재취직은 쉽지 않았을 테니 그들이
직장을 우선시하는 것도 이해 못하는 것은 아니다. 그러나 자
신은 다 나았다고 생각해도 실제로는 위험한 상황일 수 있다.
일을 우선시해 치료에 소홀해지는 것은 성추행 재발 경고신호
다. 성추행을 저지르는 남성들은 대체로 성실해서 체포되기
전에도 업무를 중요시해온 이가 많다. 업무를 중요하게 생각
하면서 한편으로 성추행을 저질러왔던 사람들이다.

　　그 외에도 아내와 이혼하기로 했거나, 가까스로 취직했
지만 그만두게 된 경우에도 다시 클리닉을 찾지 않는다. 클리
닉에 발을 끊은 지 1년쯤 지났을 때, 경찰의 연락을 받고 그가
재범을 저질러 체포되었음을 알게 된 경우도 여러 차례 있다.

뒤늦은 성장통을
겪는 사람들

내가 클리닉에서 만나는 사람 중 3년 이상 다니는 장기

참여자 중에는 재범을 저지른 사람이 1명도 없다. 성 의존증 치료에는 완치가 없지만, 행동을 바꾸고 그 상태를 오래 지속하다 보면 내면도 바뀐다. 그 기준은 3년이지만 치료 효과는 장기간 이어진다. 최장 8년 동안 재범을 저지르지 않은 사람도 있다.

치료를 계속함으로써 그들은 내면을 바꾸고 삶의 방식을 회복한다. 내가 생각하는 회복이란, 성추행을 삶의 보람이라고 여기며 자신이 가진 모든 것을 성추행에 쏟아부었던 이들이 인생관을 바꾸어 다른 사람인가 싶을 만큼 바뀌는 것이다.

3년간 프로그램에 참여한 뒤에야 비로소 약간의 변화를 보이는 사람도 있다. 그런가 하면 그룹 미팅 때 동료의 인지 왜곡을 바로 알아차리는 사람도 있다. 클리닉 직원이 "당신은 인지 왜곡을 하고 있어요"라고 콕 짚어주면 빠를 것 같지만, 일방적인 강요는 반발심을 부를 뿐이다. 올바른 것에 스스로 익숙해져야 한다. 대놓고 부정당하면 자신의 문제점을 인정할 마음이 사라진다.

다른 사람의 발언을 듣고 객관적으로 '어, 좀 이상하다'라고 느낀 다음, '나도 똑같이 생각하고 있는 것이 아닐까?' 하고 알아차리는 계기를 만들어주는 것이 필요하다. 나는 그룹 미팅 참여자의 발언에서 인지 왜곡이 발견되면 꼭 모두에게 "이 말을 어떻게 생각하세요?"라고 물어본다. 이런 질문을 여러 차례 반복한다. 그들은 자신의 인지 왜곡을 내려놓고 싶어하지 않는 경향이 있다. 그러므로 한두 번 해서는 이내 원점으로 돌아온다. 꾸준히 반복해야 단단했던 인지 왜곡에 조금씩 틈이 생기기 시작한다.

자신의 인지 왜곡을 바로잡고 나면 동료들의 인지 왜곡을 지적할 수 있게 된다. 정면으로 지적하는 것은 의미가 없다는 것을 누구보다 잘 알고 있기 때문에 "나도 전에는 그랬다", "나는 이렇게 생각해보았다"라고 자신의 체험을 이야기해주는데, 이런 피드백을 나누며 서로 성장해간다.

회복하기 시작하면 겸손해진다. 성추행하는 남성의 대부분은 인간관계에 서툴다. 커뮤니케이션에 서툴고 다른 사람을 존중하지 못하는 데다 스트레스도 잘 해소하지 못하는 탓에, 성추행이라는 행위로 상대방을 정복하고 지배하며 스트레스를 표출한다. 그들의 내면이 바뀌면, 상대방의 영역을 침범하지 않고 커뮤니케이션할 수 있게 된다.

변화에는 아픔이 따른다. 성추행범에게 내면의 변화란 어쩌면 성장통과 비슷하다. 나는 그들을 '돌이킬 수 없는 죄

를 저지른 사람'으로 보고 엄정하게 대하려 하지만, 그들의 인
격을 존중하고 변화에 따르는 아픔에 공감한다. 몇 년이 걸리
든 변화할 때까지 계속 지켜볼 것이다.

제7장

가해자 가족의
고통

두 번째 피해자:
가해자의 가족

●

성범죄를 저지른 이들에게도 가족이 있다. '가족이 있는 사람이 왜 그런 범죄를 저질렀을까?', '가족이 알았다면 범죄를 막을 수 있지 않았을까?'라고 생각하는 사람도 있다. 그러나 '내 남편이 성추행을 하지 않을까?', '내 아들이 강간을 저지를 게 틀림없어'라고 생각하는 사람은 없다. 성적 취향은 사적인 것이라 가족도 모르는 경우가 많다. 범죄에 가까운 일탈 행위가 포함되어 있다면 더욱 그렇다. 그러므로 남편이나 아들의 체포 소식은 가족에게 청천벽력이다. 엄청난 혼란과 절망에 빠지는 동시에 가해자 가족으로 낙인찍힌다.

일본 사회에는 가해자 가족에게 책임을 묻는 분위기가 있다. 아내에게는 남편을 제대로 내조하지 못했다거나 남편을 성적으로 만족시키지 못했다고 비난하고, 부모에게는 가정교육을 잘못했다고 비난한다. 그러나 성적 일탈 행위와 부부 관계의 여부나 만족도는 관련이 없다. 자라온 환경과 성추행 행위도 전혀 관련이 없다. 성적 일탈 행위는 남성이 사회생활을 하며 스스로 학습한 것이기 때문이다. 가해자의 내면에서 성범죄에 대한 동기가 싹트고, 그것을 키워나가다 계기가 생기면 행동에 옮기는 그 모든 과정에 가족은 일절 관여하지 않는다.

아내와 남편, 부모와 자식은 가족이라는 틀 안에 함께 있다 해도 저마다 독립적인 인격체다. 그러나 일본에서는 가해자와 가해자 가족을 동일시하는 경향이 강하다. 범죄를 저지른 당사자를 단죄하는 대신 가족에게 오명을 씌우는 왜곡 현상이 일어난다.

특히 성범죄자 가족에 대해 이런 경향이 두드러지게 나타난다. 가해자 가족을 지원하는 단체에서도 가족이 저지른 범죄가 성범죄라는 것을 밝히는 순간 차가운 시선을 받는다고 한다. 가족의 성적 문제를 공개적으로 말하는 것에 거부감을 느껴 고립되기도 한다. 가해자 가족은 비난이 아니라 지원을 받아야 하는 사람들이다. 유럽이나 미국에서는 가해자 가족을 숨은 희생자라고 부르고 그들에게 책임을 묻지 않는다.

이혼하지 않는
아내

●

내가 일하는 클리닉에서는 2008년부터 가해자 가족 그룹 모임을 운영해왔다. 아내 모임, 어머니 모임, 아버지 모임으로 나누어 운영한다. 아내 모임 참가자는 성추행을 저지른 남편과 이혼하지 않고 결혼 생활을 유지하는 아내들이다. 남편이 저지른 사건이 언론에 보도된 경우, 자녀가 피해를 볼까 봐 이혼하고 성姓을 바꾸는 사람도 있지만, 남편이 성추행했다고 해서 곧바로 이혼하는 경우는 의외로 많지 않다.

특히 내가 클리닉에서 만나는 남성들은 결혼 생활을 유지하기 위한 조건, 아이들과 함께 살기 위한 조건으로 치료를 받기로 한 경우가 많아서 더욱 그렇다. 보통 아내가 사방으로 정보를 찾다가 '성추행은 치료를 받으면 멈출 수 있다'는 말을 들고 찾아온다. 가해 당사자와 가족 모두 예전과 같은 일상으로 돌아가고 싶어 하므로 치료에 적극적이다.

　아내들이 이렇게 열심인 데는 이유가 있다. 성추행 가해자는 가정에서는 좋은 남편, 좋은 아버지인 경우가 많기 때문이다. 나는 "성추행만 하지 않으면 좋은 남편"이라는 말을 그들의 아내에게 자주 듣는다. 직장에서는 성실하게 일하고, 휴일에는 가족과 함께 시간을 보낸다. 아이들을 보살피는 일도 마다하지 않고 집안일도 같이한다. 성추행에 빠져들었다는 사실을 알기 전까지는 건실한 가장이자 더없이 좋은 남편이었다. 이는 의존증 환자들에게 자주 나타나는 현상이다. 나는 "술만 안 마시면 좋은 남편인데", "도박만 안 하면 좋은 남편인데"라는 말을 수도 없이 들었다. 그렇게 생각하기 때문에 이혼하지 못하고 가정을 유지하기를 바라는 것이다.

　자녀가 아직 어리면 남편이 한 일을 아이들에게 알리지 않는 경우도 많다. 실형을 선고받지만 않으면 아이가 모르게 사건을 마무리하기가 어렵지 않고, 실형을 산다고 해도 성추행은 오래 구속되지 않기 때문에 멀리 출장을 갔다는 식으로 넘어갈 수 있다. 그러나 아버지의 죄를 알고도 아버지와 만나고 싶어 하는 자녀도 드물지 않다. 그만큼 가족 관계가 돈독했다는 의미다.

아버지가 체포되었을 때는 너무 어려서 아버지의 죄가 무엇인지 잘 몰랐다가, 커서 모든 것을 이해하게 된 뒤에도 여전히 아버지를 좋아하는 자녀도 있다. 그중에는 아버지가 저지른 일을 조사해보고 먼저 치료를 권유한 딸도 있다.

아버지가 성추행으로 체포되었다는 사실을 알게 되면 자녀도 큰 충격을 받는다. 그래서 아이들에게 "아빠가 억울하게 걸려들었다"고 주장하는 사람도 있다. "내가 그런 일을 할 리가 없잖아. 그런데 인정하지 않으면 계속 감옥에 있어야 하고 회사에도 알려지게 되니까 하는 수 없이 인정하고 합의를 봤어"라는 식이다. 가족 간에 쌓아온 신뢰가 두터운 경우 이렇게 설명하면 아내도 쉽게 믿는다. 물론 여기에는 남편이 그런 일을 저질렀다는 사실을 인정하고 싶지 않은 마음도 작용한다.

그러나 상습적으로 성추행을 저지르고 체포되기를 반복하면 아내도 점점 의심하게 된다. 그리고 상습성이 문제가 되어 법정에 서게 되면 아내도 사실을 인정할 수밖에 없다. 그제야 남편이 지금까지 한 말이 모두 거짓말이었다는 사실을 알게 된다. 그때부터 아내에게도 책임을 추궁하는 목소리가 들려오고, 아내는 자책에 빠진다. '내가 부족해서 이렇게 되었다'라고 생각하는 한편 그런 사람을 배우자로 선택한 자신에 대한 자책도 밀려온다.

그와 동시에 남편이 피해 여성에게 가혹한 일을 저질렀다는 사실에 강한 거부감과 분노를 느껴 딜레마에 빠진다. 피해자에게 사과해야 한다고 생각할 뿐 아니라 같은 여성으로서 남편에게 분노한다. 이를 가해자 가족의 이중 구속double bind 현상이라고 부른다. 이중 구속이란 모순된 2가지 명령을 받은 상태에서 모순을 지적하지 못한 채 어느 쪽에 응해야 할지 알 수 없어 혼란해진 상태를 말한다. 남편이 일으킨 사건 때문에 아내는 이중, 삼중으로 고통에 시달리고 심지어 그 고통을 누구에게도 털어놓지 못한다.

가해자 아내의
이중고

아내에게 찾아오는 첫 번째 변화는 '그럴 리가 없다'라는 부인否認이다. 그러므로 무고誣告로 억울하게 붙잡혔다는 남편의 변명을 믿는다. 그러다 남편이 성추행을 저지른 것이 사실임을 알면 혼란에 빠진다. 울화와 불면, 식욕부진으로 컨디션이 무너지고, 남편의 일이 알려질까 봐 전전긍긍하며 일을 그만두거나 대인 관계가 좁아지고 외출이 줄어드는 등 생활에 지장을 받기 시작한다. 약을 다량 복용하거나 손목을 긋는 사람도 있다. 자녀도 보살펴야 하고, 남편의 실직으로 인한 경제적 어려움을 해결해야 하는 등 현실적인 문제가 산더미처럼 쌓여 있는 와중에 아무에게도 속마음을 털어놓지 못한 채 하루하루를 살아간다. 산지옥이라고 해도 과언이 아니다.

금실이 좋았던 부부일수록 여파는 크다. 아내는 밑바닥까지 떨어지는 절망감을 느낀다. 하필 이때 남편의 재판에 증인으로 서는 경우가 있다. 주로 남편의 변호사가 부탁하는데, "제가 책임을 지고 남편을 감시·감독하겠습니다"라고 판사에게 호소해야 한다. 엄청난 부담이 되는 일이다.

혼란 시기를 넘기고 나면 분노가 밀려온다. 이 단계에서는 화를 표출하는 유형과 대인 접촉을 피하는 유형으로 나뉜다. 나는 화를 내는 것이 더 건강한 반응이라고 본다. 화를 내는 것은 회복의 신호이기도 하다. 화를 내려면 에너지가 있어야 한다.

누구에게 화를 내는가? 당연히 남편이다. 지금까지 '내가 어쩌다 성추행범의 아내가 되었을까?'라며 자책하다가도 결국 상황을 이렇게 만든 것은 자신과는 상관없이 범죄를 저지른 남편이라는 것을 깨닫게 된다. 가정을 쑥대밭으로 만든 것에 대한 분노, 여성의 존엄을 짓밟은 것에 대한 분노가 밀려온다. 그 분노에 어떻게 대처할 것인지가 가해자 가족 모임 중 아내 모임의 중요한 주제다. 아내의 분노를 맞닥뜨린 남편이 그것을 어떻게 받아들이는지도 중요하다.

아내는 불안 속에서 하루하루를 보낸다. 아침부터 저녁까지 내내 불안에 시달린다. 남편이 체포되기 전의 일상으로 다시는 돌아갈 수 없다.

오늘은 남편이 늦는다. 늦을 때는 꼭 연락하기로 했는데……. 무슨 일이 생겼으면 연락을 하지. 불안해서 가슴이 터질 것 같다. 전화가 온다. 설마 경찰인가? 남편이 다시 성추행을 한 건가?

작은 일상마저 사건 당일의 기억으로 수렴된다. 그런 날이 매일 이어진다. 남편이 체포된 후 시간이 멈추어버린 것 같

다. 몇 년이 지나도 뉴스에 성범죄 사건이 나오면 당시의 불안
과 혼란이 엄습해 안절부절못한다. 초인종이 울리면 '경찰이
왔나'라는 생각에 겁부터 난다.

그러다 보니 남편을 보면 화부터 난다. 불안에 시달리는
아내의 관점에서는 화가 나는 것이 당연하지만, 남편은 영문
을 알 수 없다. 그 모습에 아내가 "벌써 잊었어?"라며 더 화를
낸다. 자신의 심정을 이해하지 못하는 남편의 태도에 더욱 화
가 치민다. 남편이 실직해 돈을 벌어야 한다. 자녀의 학비도
부담이 되고 자녀가 진학을 포기하기도 한다. 주변의 시선은
여전히 곱지 않고, 친했던 친구들과도 멀어졌다. 이 모든 상황
에 화가 나는 한편, 남편의 반응이 야속해 말다툼이 시작된다.
이는 가해자들이 참여하는 프로그램과 아내 모임에서 자주 언
급되는 전형적인 예다.

남편은 '언제까지 그 일을 들먹일 거야?'라는 생각이 들
수 있다. 자신은 성추행을 끊으려고 치료도 꾸준히 받고, 사건
을 저지르기 전보다 수입이 줄었을지언정 성실하게 일도 하고
있다. 그런데 왜 아직도 그 일로 탓하는 것인지 받아들이지 못
한다. 여기에서도 가해자의 기억 망각 현상을 엿볼 수 있다.
당사자는 시간이 지나면 잊을 수 있지만, 가족은 결코 잊지 못

한다.

　나는 이럴 때 가해 당사자에게 공에 비유해 이야기한다. 벽에 공을 던질 때 약하게 던지면 천천히, 힘을 주어 강하게 던지면 빠르게 공이 돌아온다. 당신이 강하게 공을 던져 아내에게 상처를 주었기 때문에 튕겨 나오는 공도 그만큼 강한 것이라고 설명한다. 그리고 아내의 심정을 이해하고 그 분노를 어떻게 멈추게 할지 함께 생각한다.

결혼 생활을 지속하거나
이혼하거나

　남편의 범죄에 화를 낸 다음에는 "내 인생은 내 것이다"라는 사실을 깨닫고 남편의 문제와 자신의 문제를 나누어 생각하는 시기가 찾아온다. 가족 모임에 참여하는 이들에게 모임에 나오는 이유를 물어보면 처음에는 남편이나 아들 때문이라고 답한다. 그러다 어느 시점이 되면 본인 때문에 참여한다는 사람이 늘어난다. 남편이 저지른 사건, 즉 자신의 주변에서 일어난 사건에 어떤 의미를 부여할지, 그 사건을 어떻게 받아들이고 앞으로의 인생을 어떻게 꾸려나갈지 고민하면서 앞으로 나아간다.

이 지점에 이르러서야 비로소 이혼을 선택하는 아내들도 있다. 나는 그런 이들을 '스스로 이혼을 선택할 수 있는 정도까지 회복했다'고 본다. 회복 절차를 밟으며 노력했기 때문에 내릴 수 있었던 결단이다.

이혼하지 않아도 자신의 인생과 남편의 인생을 분리해 생각하며 부부 관계를 회복해나가는 이들도 있다. 클리닉에 다니면 전보다 부부간의 소통이 많아진다. 위험 요인 관리 계획에 "전에는 가정에 충실하고 사이도 좋았지만 대화가 많지는 않았다"라고 적은 사람도 있었다. 의식적으로 대화하는 시간을 만드는 것이 대처법이 될 수 있다.

그렇지만 많은 아내가 성생활의 재개는 원하지 않았다. 여성에게 성폭력을 휘두른 남편에게 혐오감을 느끼는 아내도 적지 않다. 그러나 일본인 부부의 약 50퍼센트가 잠자리를 같이하지 않는 요새, 성생활 없이 부부 관계를 유지하는 것이 큰 문제가 된다고 생각하지 않는다. 성추행 사건을 일으키기 전부터 관계가 없었던 경우도 많다.

아내 모임은 숨은 피해자를 지원한다는 의미에서도 중

요하지만, 가해 당사자의 재범 방지에도 큰 영향을 미친다. 법무성의 통계를 보아도, 미혼자 재범률이 14.2퍼센트인 데 비해 기혼자의 재범률은 7.1퍼센트에 그쳤다. 이혼이나 사별한 경우는 8.8퍼센트였다. 기혼이나 이혼·사별에 비해 미혼의 성범죄 재범률이 높음을 알 수 있다.

가족이 아니더라도 가해자에게 손을 내밀 수 있지만, 통계에 따르면 가족의 지원을 바탕으로 회복하려고 노력하는 이들의 재범률이 가장 크게 줄어들었다. 내가 그동안 성추행범과 면담한 결과를 보아도 가족이 있는 성추행범일수록 치료를 꾸준히 받았다. 전문 치료 기관을 찾는 비율도 가족이 있는 사람이 높다. 가해 당사자보다도 가족이 성추행을 근절하려고 열심히 노력하기도 한다.

가해자의 어머니라는
족쇄

성범죄에 책임이 있다고 추궁당한다는 점에서 가해자의 어머니만큼 힘든 처지에 놓인 사람도 없다. 가해자의 어머니에게 책임을 지우는 것이 과연 옳은지 따지기 전에 생각해야 할 것은, 육아를 여성의 몫으로 돌리는 사회 분위기다. 그 때문에 자녀가 범죄를 저지르면 어머니는 자식을 잘못 키웠다며 자책할 뿐 아니라 사회는 물론이고 남편에게도 질타를 받는다. 대놓고 비난하지 않더라도 시선이나 태도로 아내를 비난하는 남편이 있다. 자신이 자녀를 나 몰라라 한 사실은 생각하지도 않고 "당신이 애를 잘못 키웠다"라며 책임을 전가한다. 그런 말이 가해자의 어머니를 더욱 힘들게 한다.

가해자의 아내에게는 이혼이라는 선택지가 있지만, 부모에게는 그런 선택지가 없다. 모임에서 "아들과 연을 끊을 거예요!"라고 말하는 어머니도 있지만, 실제로 행동에 옮기는 어머니는 보지 못했다. 자식과 쉽게 연을 끊을 수 있는 부모는 없다. 그런 한편으로는 같은 여성으로서 아들에게 화도 나고, 피해 여성에게 미안하기도 하다. 아내가 그렇듯 어머니도 이중 구속에 시달리며 이러지도 저러지도 못해 괴로워한다.

그래서 어머니 모임에서는 육아를 주제로 대화를 유도한다. 자신의 육아에 관해 이야기하고 상황이 비슷한 다른 어머니의 이야기를 들으며, 나름대로 열심히 자녀를 키웠다는 사실을 깨닫는다. 특히 첫아들을 키울 때는 육아를 잘 몰랐던

만큼 더 열심히 정보를 찾아보고 신경을 쓴다. 그런 경험을 떠올리며 서로 인정하고 격려해준다.

그렇게 나눈 대화를 바탕으로, 아들이 저지른 범죄를 자신과 분리해 생각하게 된다. 나는 이것을 '육아 자기 책임론에서의 해방'이라고 부른다. 자녀의 범죄와 자신을 분리하지 못하는 어머니는 회복하지 못한다. 그 때문에도 어머니 모임 동료들의 격려는 무척 큰 힘이 된다.

나는 어머니 모임 같은 가족 모임을 진행할 때 가장 큰 보람을 느낀다. 가해 당사자는 대부분 인지 왜곡이 뿌리 깊어서, 내면이 변화하기까지 오랜 시간이 걸린다. 회복과 교착 상태를 반복하는 경우가 많고, 심지어 후퇴하기도 한다. 그러나 가해자 가족은 대부분 시간이 갈수록 착실하게 변화해간다.

많은 가족이 처음에는 좌절감에 힘들어한다. 입을 열지 않고, 말을 걸어도 눈물만 흘리거나 아주 작게 한두 마디할 뿐이다. 옷차림에도 신경 쓰지 못하고 초췌한 얼굴로 회의실 한쪽에 앉아 있었다. 우울증이 심한 이들은 클리닉까지 오는 것만으로도 힘에 부치는 듯했다. 그랬던 이들이 1~2년쯤 지나면 마치 다른 사람처럼 가뿐하고 생생한 얼굴로 변한다.

가족 모임은 가해자 가족에게 유일한 안식처다. 지금까

지 누구에게도 털어놓지 못했던 속마음을 이곳에서는 말할 수 있다. 아무도 비난하지 않고, 비슷한 경험을 한 사람들이 공감하며 들어준다. 그런 분위기에서 솔직하게 마음을 털어놓고 공감함으로써 스스로에 대해서, 그리고 남편이나 아들에 대해서 깨달음을 얻는다. 이런 경험을 되풀이하면서 서서히 자립해나간다.

7~8년 정도 꾸준히 가족 모임에 참여하는 이들도 있다. 그렇게 오래 참여하는 이유를 물으면 "그날 일을 잊을 수 없어서", "초심을 잊지 않으려고"라고 대답한다. 가해자 본인은 가해 기억을 너무나 쉽게 지우지만, 가족들은 일상을 정상으로 되돌릴 수 있게 되어서야 비로소 그날의 기억에서 멀어지기 시작한다.

오래 가족 모임에 참여해온 이들은 처음 가족 모임에 온 사람에게 긍정적인 영향을 미친다. 먼저 시작한 동료가 회복해가는 모습은 그 자체로 큰 응원이 된다. 노력하면 바뀔 수 있음을 입증해주는 가족들의 모습에 나도 용기를 얻는다.

무엇을 해야 할지
모르는 아버지

아버지는 가족 회복의 열쇠를 쥔 사람이다. 모든 아버지가 다 그렇다고는 할 수는 없지만 육아에는 전혀 관여하지 않고 자녀들과 보내는 시간이 극히 적은 아버지들이 있다. 자신은 바깥일을 하므로 가족을 돌보지 않아도 된다고 생각해 자녀의 일에서 눈을 돌리려 한다. 이런 생각은 아내를 추궁하는 태도로 연결된다. 자신과 상관없는 남의 일처럼 여기기 때문에 현실도피 또는 현실 부정 태도를 보인다.

그런가 하면 아들을 이해하려고 노력하면서도 "남자라면 성욕이 있는 것은 어쩔 수 없지만, 그렇다고 그런 짓을 저지르다니!"라거나 "일을 열심히 했으면 그런 생각이 들 겨를도 없었을 거다", "차라리 성매매 업소를 가지"라는 인지 왜곡이 드러나는 발언을 되풀이한다. 그리고 "너는 정신이 글러먹었어!"라고 아들을 꾸짖는다. 그러니 아내에게는 차가운 시선을 받고, 아들과도 멀어질 수밖에 없다.

나는 아버지들이 아들이 저지른 성추행을 어떻게 생각하는지 잘 알고 있다. 가해자 아버지뿐 아니라 일본 남성 대부분이 자신의 감정이나 약점을 표현하는 데 서툴다. 그래서 객관적이고 냉정하게 분석하는 쪽을 선택한다. 아들이 왜 이런 범죄를 저질렀을지 아버지 나름대로 생각은 많이 하지만 방향이 어긋나 있다.

아버지들은 어머니만큼 육아에 책임감을 느끼지 않기 때문에 아버지 모임에 참여해도 무엇을 해야 좋을지, 문제를 어떻게 보아야 할지, 무엇이 문제였는지 알지 못한 채 혼란스러워한다. 그런 상태로는 회복을 위해 노력하는 아들이나 아내에게 방해가 될 수도 있다.

나는 아버지 모임에 참여하면 어머니 모임 면담 결과를 바탕으로 방향을 제시한다. 어머니들에게 "젊었을 때 남편의 어디가 좋으셨어요?"라고 물으면 대부분 "든든할 것 같았어요"라고 대답한다. 그들은 이제 와서 남편이 육아에 참여하기를 바라지 않았다. 그보다는 증인 출석처럼 마음의 부담이 큰 일을 해야 할 때 같이 가주는 등 정신적인 응원을 해주기 바란다. 즉 어머니들은 아버지들이 부모라는 동등한 입장에서 자녀 문제를 함께 생각해주기를 바란다.

소중한 사람의 힘

성 의존증은 정신과 질환으로 분류되어 있다. 정신 질환 치료에 아버지가 참여한다는 것 자체가 일본에서는 흔한 일이 아니다. 우울증, 조현병, 은둔형 외톨이, 섭식 장애 등 다른 의존증 치료에도 가족 모임이 있지만, 주로 어머니나 아내 등 여성들이 참여한다. 아버지의 치료 참여가 의존증 환자의 회복 가능성을 높인다는 것은 의학계에 잘 알려져 있는 사실이다. 성 의존증을 치료할 때도 아버지의 태도 변화는 중요한 분수령이 된다.

나는 가족 모임을 하면서 가족에 대해 깊이 생각하게 되었다. 죄책감 없이 타인에게 피해를 끼치는 사람을 치료하는 데 가족의 역할은 굉장히 크다. 과거에 교통사고로 아들을 잃고 지금은 피해자 지원 활동에 힘쓰는 어느 남성의 강연을 들은 적이 있다. 나는 그 남성에게 이렇게 물었다.

"교통사고 가해자가 어떤 식으로 사과하기를 바라시나요?"

그 남성은 이렇게 대답했다.

"사과는 바라지 않습니다. 언젠가 그에게 소중한 사람이 생기면, 그도 어떤 일을 저질렀는지 스스로 깨닫게 될 테니까요."

그는 가해자를 용서했다. 용서는 피해자 가족이 거치는 심리 단계 중 가장 마지막 단계에 해당한다. 용서에 이르려면 소중한 사람을 가져본 경험이 있어야 한다. 힘든 시간을 보내는 가해자 가족들도 서로의 소중함을 깨닫게 되기를 바란다.

가해자 가족의 고통

제8장

어려운 신고,
쉬운 무고

멀고 어려운
성범죄 신고

●

지금까지 성추행을 저지르는 남성들의 실태와 재범 방지 방안을 살펴보았다. 나는 12년 동안 축적한 가해자 임상 데이터와 노하우를 바탕으로 재범 방지 프로그램 참여자들과 면담해왔다. 문제는 법적 강제력이 없으므로 한계가 있다는 점이다.

치료의 필요성을 느껴 클리닉을 방문하는 사람은 성추행범 중 일부에 불과하다. 더 큰 문제는, 성추행범 중 체포되는 이가 극소수라는 점이다. 프로그램 참여자들은 "성추행은 체포당해야 멈출 수 있다"라고 입을 모아 말한다.

내가 궁극적으로 바라는 것은 성추행 근절이다. 헛된 목표일까? 나는 성추행 발생 건수를 0건이 되게 하는 것이 불가능한 목표는 아니라고 생각한다. 하지만 이를 위해서는 단 1건의 성폭력도 용인해서는 안 된다는 사회적 공감대가 형성되어야 한다.

피해 여성 대부분이 신고하지 못하는 지금의 상황은 성추행범에게 유리하다. 그들은 이를 역이용해 얌전하고 소심해 보이는 여성을 노려 범행을 저지른다.

피해 여성에게 신고는 하기 싫은 일이 아니라 하기 두렵고 어려운 일이다. 성추행을 신고하거나 경찰서에 가서 조사를 받으려면 예상치 못한 시간을 투자해야 한다. 지하철 안에서 성추행을 당한 여성은 분명 어딘가로 가던 중일 것이다. 성추행을 신고하려면 예정된 일정을 취소해야 한다. 경찰서에서 조사를 받을 때도 같은 내용을 거듭 진술해야 하고 경찰이 2차 가해를 하기도 한다. 피해자가 시간적 · 정신적으로 큰 대가를 치러야 가해자를 체포할 수 있는 이러한 구조는 오래전부터 지적을 받아왔지만, 아직도 변화할 낌새는 보이지 않는다.

성폭력뿐 아니라 모든 폭력은 강자가 약자에게 휘두르

는 것이다. 사람은 자신보다 덩치가 크거나 힘이 세거나 지위가 높은 사람에게는 폭력을 행사하지 않는다. 여성이 자신보다 덩치가 크고 힘센 성추행범에게 반격하려면 엄청난 용기가 필요하다. 피해 여성이 주변에 범죄 사실을 알리자 범인이 지하철에서 내리면서 여성을 세게 밀친 사건도 있었다. 심지어 이런 식으로 시간을 벌어 도망치는 것이 성추행 상습범 사이에는 매뉴얼로 알려져 있다. 이 과정에서 피해 여성이 다치기도 한다. 성추행 사실을 공개해서 자신보다 힘센 자에게 반격하려면 큰 위험을 각오해야 하는 현실은 불합리하다. 현장에서 별 탈 없이 사건이 해결되었다 해도 나중에 보복을 당할지도 모른다는 공포가 뒤따른다.

상황이 이런데도 용기를 내 신고한 여성들은 존경받아 마땅하다. 그렇다고 신고하지 못한 여성이 잘못했다는 말은 아니다. 성추행범들은 피해 여성이 신고를 두려워하거나 하지 못하는 심리를 너무 잘 알고 있다. 심지어 그것을 이용해 '신고 안 하는 것을 보니 좋아하나 본데?'라고 해석하며 인지 왜곡을 강화해나간다.

무고에만 집착하는
이유

어떻게 하면 성추행범 체포율을 높일 수 있을까? 피해 여성의 용기와 노력에 기대는 방법은 일단 제외해야 한다. 피해 여성의 신고를 전제로 한다 해도 되도록 피해자에게 부담이 적은 형태, 즉 가해자와 대면하지 않아도 되는 방식을 선택해야 한다.

신고에 착오가 있을 수 있다고 해도 여성에게 책임을 묻지 않는 것이 중요하다. 착오가 있었다고 여성에게 책임을 묻는 행위의 배경에는 '나는 안 했는데 억울하게 성추행범으로 몰렸다'라는, 무고로 인생을 망친 남성이 많다는 사회적 인식이 깔려 있다. 죄 없는 남성의 인생을 망쳐서는 안 되므로 여성은 신고할 때 신중해야 한다는 의미다. 그러나 피해가 명백한데도 무고죄로 몰릴 두려움 때문에 가해를 저지하지도, 경찰에 신고하지도, 어디에 털어놓지도 못하고 괴로워하는 여성이 너무나 많다. 그러므로 우리 사회가 성추행을 비롯해 성폭력 문제 전반을 근본부터 다시 볼 필요가 있다.

무고에 대한 남성들의 공포는 상당하다. 성추행범으로

신고를 당하면 대부분 무고라며 목소리를 높인다. 성추행과 무고는 전혀 다른 범죄인데도 같은 선상에서 논의되는 것이 나는 늘 이상했다.

성추행 무고죄가 쉽지 않은 문제인 것은 사실이다. 성추행하지 않았다는 사실을 입증하기가 어려워 재판을 해도 시간이 오래 걸린다. 당연히 비용도 많이 든다. 본인은 무죄라고 주장해도 주변에서 의심하기 시작하면 일이나 가정생활에 영향이 미치기 때문에 성추행 무고를 무서워한다.

2008년에 개봉한 일본 영화 〈그래도 내가 하지 않았어〉는 실화를 바탕으로 한 영화로, 성추행범으로 몰린 남성이 합의를 거부하고 무죄를 주장하다가 유죄판결을 받지만 자신의 결백을 증명하려고 끝까지 분투한다는 내용이다. 이 영화는 많은 상을 받았고, "그래도 내가 하지 않았어"라는 대사도 유명해졌다. 나는 이것이 성추행 무고죄의 전형적인 패턴으로 사람들에게 각인된 것이 위험하다고 생각한다.

지하철을 타면 손을 가슴께에 모으고 있다거나 두 손으로 가방을 안고 선다는 등 억울하게 성추행범으로 몰리지 않으려고 방법을 연구하는 남성도 있다. 사람이 많은 지하철 안에서는 의도하지 않아도 타인의 신체 영역을 침범하는 일이 발생할 수 있는데, 그런 것을 모두 성추행으로 몰지 말아 달라는 심정을 이해 못 하는 것은 아니다.

그러나 어느 변호사 사무실의 홈페이지를 보고 무언가 잘못되었다고 느꼈다. 명백하게 성추행을 저질렀을 때의 대처 방법을 보여주는 만화가 있었는데, "피해자가 신고해서 경찰이 오면 인생 끝"이라는 설명과 함께 여성을 밀치거나 선로로 뛰어내려 도망치라고 조언하고 있었다. 이것은 실제로 성추행범들이 공유하는 방법이다. 웃지 못할 이야기다.

2017년에 성추행범으로 의심받은 남성이 선로로 뛰어내려 도망치는 사건이 잇달아 발생했다. 그들이 실제로 성추행을 저질렀는지는 여기서 논의하지 않겠지만, "저렇게 필사적으로 도망치는 것을 보면 안 한 모양인데", "안 했어도 체포되면 유죄니까 저렇게 도망치는 수밖에"라는 여론을 보고 강한 위기감을 느꼈다. 이런 여론을 성추행범이 활용하는 사례가 늘어날 것이기 때문이다.

성추행이 범죄라는
사실을 모른다

성추행과 무고는 전혀 다른 문제다. 성추행 이야기를 꺼
내면 "무고일 수도 있잖아"라며 목소리를 높이는 것은 방향부
터 잘못되었다. 죄 없는 남성에게 의도적으로 성추행 누명을
씌우는 여성이 있다는 이유로, 또는 남성 피해자도 있다는 이
유로 성추행 사건의 논조를 흐리는 것은 사리에 맞지 않다. 물
론 성추행이라는 죄가 세상에 존재하듯 무고도 엄연히 존재하
지만, 그것을 함께 묶어서 이야기하는 것은 화투판에 트럼프
카드를 내미는 것과 같다.

무고를 주장하며 수면 아래에서 매일 벌어지는 성추행
사건을 흐지부지하는 것은 폭력이다. 성추행 무고가 실제로
얼마나 발생하는지는 알 수 없다. 성추행 무고죄 발생 건수에
관한 본격적인 조사가 시행된 적이 없기 때문이다. 이는 성추
행 무고가 아직 사회문제가 되지 않았다는 뜻이므로, 시민들
이 나서서 강력한 조사를 요구할 수 있다. 다만 이러한 상황에
비추어 볼 때, 성추행 무고가 성추행보다 압도적으로 적게 발
생한다는 것은 예측할 수 있다. 발생 건수가 적으니 경시해도

된다는 말이 아니라 실태가 잘 드러나지 않은 상태에서 논의하는 것은 건설적이지 않다는 말이다.

"사람을 죽이면 안 된다"라고 말했을 때 "하지만 살인범 중에도 억울하게 살인범으로 몰린 사람이 있다"라고 덧붙이는 사람은 없다. "강도는 고약한 범죄다"라고 했을 때 "강도 중에도 억울하게 강도로 몰린 사람이 있다"라고 말하는 사람도 없다. 그러나 "성추행을 없애자"라고 말하면 "성추행 무고를 먼저 없애야 한다"라고 말하는 이유는 무엇일까? 성추행뿐 아니라 성범죄 전반에 대해 마찬가지다. 강간이나 강제 추행 사건이 발생해도 일단 피해 여성이 꽃뱀인지 아닌지부터 의심한다.

성범죄에 대해서만 이런 인식이 존재하는 이유 중 하나는, 다른 범죄와 달리 성범죄로 입은 손해는 눈에 잘 보이지 않기 때문이 아닐까 싶다. 강도를 당하면 돈이나 물건을 잃고, 살인을 당하면 목숨을 잃는 손해가 발생한다. 강간을 당하면 육체에 상처가 남기는 하지만, 그보다 큰 손해인 짓밟힌 존엄은 눈에 보이지 않는다.

이 책의 목표는 성추행 가해 실태를 밝히는 것이므로 피해 실태에 관해서는 거의 언급하지 않았다. 그러나 성폭력은 영혼 살인이라고 불릴 정도로 피해자에게 막대한 손해를 입히는 범죄다. 외상 후 스트레스 장애로 수십 년 동안 고통받고, 그로 인해 미래를 포기하기도 한다. 피해를 보지 않았더라면 훨씬 성장했을 인생을 되돌리는 것은 불가능하다.

그러나 많은 남성이 성범죄 피해를 상상하지 못한다. 겉으로는 아무런 피해를 보지 않은 것처럼 보이는 피해자가 많다. 심지어 정신적 피해도 없는 것처럼 보이는 경우도 적지 않다. 반면 성추행 무고로 파괴된 남성의 인생은 구체적으로 상상할 수 있으므로 더 현실적으로, 무게감 있게 받아들인다.

성추행 사건이 일어나면 성추행이라는 문제는 보지 않고 무고에만 집착하는 배경에는 이런 이유가 있다고 생각한다. 어떤 문제든 상상력을 동원하지 않고 보면 사고가 정지된 상태에서 보는 것과 같다. 그런 상태로는 성추행을 근절하기 위한 논의가 진행될 수 없다.

남성 대부분이 꺼리는 이야기를 잠시 해볼까 한다. 제2장에서 나는 "모든 남성의 내면에 가해자성이 잠재되어 있다"라고 했다. 이는 10년 이상 성범죄 가해자와 면담하면서 내가 느낀 것이다. 여기에 "많은 남성에게 성추행하고 싶다는 잠재적 소망이 있다"라고 덧붙이고 싶다.

정확히 표현하면 성추행을 하고 싶다는 것보다는 '허락한다면 여성의 몸을 만지고 싶다'라는 소망이다. 제7장에서 아버지가 성추행 가해자인 아들에게 "남자라면 성욕이 있는 것은 어쩔 수 없지만, 그렇다고 그런 짓을 저지르다니!"라고 말한다고 했다. 이 발언은 성추행 동기를 성욕에 한정한 것이므로 잘못된 발언이다. 그러나 남자의 성욕은 본능이라 이기지 못하고 성추행을 저지를 수도 있다는 것이 사회 통념으로 자리 잡았다.

만약 지하철 안에서 이상형을 발견하고 '매력적이다', '만지고 싶다'라고 생각한 적이 있다면 그 연장선 어딘가에 성추행이 있다. '한번 살짝 만져볼까'라는, 언제든 성추행 가해자가 될 수 있다는 가능성을 자신 안에서 발견한 것이다. 그것은 남성에게 공포일 수밖에 없다. 그러한 공포가 남성들이 성추행 문제에서 눈을 돌리게 하는 원인 중 하나다.

꽃뱀에게
억울하게 걸렸다고?

성추행 무고와 더불어 남성들이 억울하게 생각하는 또 한 가지는 "합의금을 노린 여성이 일부러 접근해 피해자인 척 한다"라는, 이른바 '꽃뱀에게 물리는' 것이다.

그런 사례가 실제로 있을 수도 있다. 그러나 남성이 범행을 부정하면 여성은 한 푼도 받지 못할 뿐 아니라 그에 앞서 조사에 들여야 하는 시간과 노력을 생각하면 오히려 여성에게 손해다. 심지어 남성이 재판에서 싸워 무죄를 입증해내면 여성이 득 볼 것은 전혀 없다. 피해 여성이 정말 돈을 노리고 접근한 꽃뱀이었다면, 속되게 표현해 수지에 전혀 맞지 않는 장사를 하는 셈이다.

그런 사건이 지금까지 전혀 없었다거나 앞으로 절대 일어나지 않을 것이라고 장담할 수는 없다. 그러나 여성이 의도를 갖고 접근했는지와는 별개로 성추행 사건은 제대로 조사해 진상을 밝혀야 한다. 진상을 규명하지 않은 채 여자가 너무하다며 성추행 사건 자체를 물타기하려는 이면에는 어떤 심리가 숨어 있을까?

나는 여기에 '여성은 남성보다 아래니, 남성은 여성에게 무슨 일이든 해도 된다'라는 심리가 깔려 있다고 생각한다. 이는 남성 각자가 가진 생각이라기보다는 사회에서 남성들 사이에 대대로 이어져 내려온, 특별히 누구에게 배운 것은 아니지만 많은 사람이 공유하고 있는 가치관이다. 남성뿐 아니라 여성도 이러한 인식을 다소 갖고 있다. 남성이 여성에게 무슨 일을 해도 허용된다는 생각이 성폭력으로 이어진다.

이 때문에 성추행범으로 몰린 남성들은 '자신보다 아래인 존재에게 속았다'는 심리를 드러내며 반격한다. 남성이 성추행범으로 몰리는 것에 대해 갖고 있는 공포심의 뿌리에는 자신보다 열등한 존재에게 속아 넘어가는 것에 대한 공포심도 있다고 생각한다.

나는 오랫동안 가정 폭력 문제에 몰두해왔다. 최근에는 여성도 가정 폭력의 가해자로 주목받고 있으나, 여전히 남성 가해자가 압도적으로 많다. 그렇다면 남성은 왜 아내에게 폭력을 행사할까? 그 뿌리에는 공포심이 있었다. 자신의 지위가 위협받는 것에 공포를 느끼기 때문에 남성성을 과시하려고 아내를 구타한다. 이는 방어적인 행동이다. 내가 중요한 사람이 아니라는 사실을 인정하면 자존심이 무너지므로 그것을 지키기 위해 여성을 지배하고 우월감을 확인한다.

가정 폭력 가해 남성은 얼핏 평범해 보이지만 갱생 프로그램을 진행하며 직접 만나본 결과, 그들은 공통적으로 겁이 많았다. 다른 참여자들보다 주뼛주뼛하고 대화를 나눌 때도 눈을 마주치지 못했다. 마음속에는 사람에 대한 불신과 공포가 있었다. 그러므로 자신보다 아래라고 생각하는 여성이 자기 뜻에 조금이라도 벗어나는 행동을 하면, 아니 때에 따라서는 아무 일도 하지 않았는데도 자신의 존재나 남성성이 위협받고 있다고 느껴 폭력을 행사한다. 이를 통해 심리적 안정을 얻는다.

합의금을 노린 꽃뱀에 과민하게 반응하는 남성들의 심리도 이와 통하는 면이 있다. 자신에게 반격할 리 없다고 생각한 사람에게 속았다는 사실은 많은 남성에게 참을 수 없는 굴욕이다. 다른 사람과 대등한 관계가 되기 위해서는 먼저 자신의 나약함을 인정하는 것이 필수인데, 이들은 자신의 나약함을 마주하는 것에 공포를 느낀다.

이러한 인식 때문에 남성들은 성추행 문제를 있는 그대로 보지 못하고 무고만 강하게 주장한다. 사람은 보고 싶지 않은 것에는 눈을 돌리는 경향이 있다. 남성들이 외면한 곳에 그들이 성추행범이 되는 본질이 숨어 있다. 본인이 가해자라는 자각이 있으므로 제대로 보려 하지 않는 것이다. 성추행은 여성의 문제가 아니라 남성의 문제다. 남성이 생각을 바꾸지 않은 채 여성의 신고만으로 성추행을 근절하려 한다면, 희망의 날은 영원히 오지 않는다.

의식과 시스템을
개혁해야 한다

성추행을 근절하려면 남성들의 의식 개선은 물론이고, 성추행을 둘러싼 시스템 전반을 개혁해야 한다. 현 상황을 바꾸려면 무엇보다도 체포당했을 때 합의금으로 끝내지 말고, 전문적인 치료를 받도록 해야 한다.

그러려면 성추행을 삶의 보람으로 느끼는 가해자에게 합의금은 성추행을 그만두게 하는 수단이 되지 못한다는 인식이 널리 퍼져야 한다. 기소당할 때까지 너덧 번 체포되고, 체포와 체포 사이에도 수많은 피해자를 양산하는 그들에게는 처벌보다 먼저 치료가 필요하다. 특히 아직 상습범이 되지 않은 성추행범을 치료하면 수많은 피해자가 추가로 발생하는 것을 막을 수 있다. 상습범도 지속해서 치료를 받을 수 있게 하는 것이 사회의 책무다.

만약 사회생활을 영위하면서 치료를 받을 수 있다면 가해자의 인생이 엉망이 되지도 않을 것이다. 그렇게 되면 피해 여성도 신고하기가 조금이나마 쉬워지지 않을까? 이는 성폭력을 휘두른 사람의 인생을 지키기 위해서가 아니라, 피해자를 더 늘리지 않기 위한 대책이다.

성추행범에 대한 치료가 정착되면, 성추행에 발을 들이려는 사람이 자발적으로 치료를 받는 일도 일어날 수 있다. 인지 왜곡이 강화되기 전에 치료를 시작하면 효과는 더욱 크다. 악질이 되기 전에 막는 것이 중요하다.

이런 이유 때문에라도 성추행의 배경에는 성 의존증 문제가 있고 치료를 받으면 멈출 수 있다는 것이 널리 알려져서 성추행 가해자에게 닿아야 한다. 도쿄 교통국은 경찰청과 함께 성추행 근절 캠페인을 벌이며 여성이 의사를 표현해야 성추행범을 잡을 수 있다는 포스터를 제작했다. "성추행은 범죄입니다", "다 함께 용기 있게 목소리를 내어 성추행을 근절합시다"라고 호소하는 내용이다. 방향이 잘못되었다.

게다가 어찌 된 영문인지 이 포스터는 열차 안이 아니라 역 구내에 붙여놓았다. 물론 역 구내에서도 성추행이 발생하고 플랫폼에서 표적을 찾아다니는 성추행범도 있지만, 성추행이 주로 일어나는 현장에 포스터가 있지 않으면 의미가 반감된다. 무엇보다 "성추행은 의존증입니다", "치료로 멈출 수 있습니다"라는 메시지를 내보내는 쪽이 훨씬 효과적이다.

성추행 근절 포스터는 많지만, 어디에도 성추행 가해자의 모습은 표현되어 있지 않다. 우연히 체포 현장에 있었다면 몰라도, 일반인이 성추행범의 모습을 실제로 목격하는 예는 거의 없다. 성추행 실태가 가시화되지 않고 그 양상이 계속 잘못 알려지는 한, 성추행은 줄어들지 않는다. 먼저 성추행범이 어떤 사람인지를 우리 사회가 공유하는 것부터 시작해야 한다. 지금까지 성추행의 실태를 살펴보았다. 이 책이 성추행 근절에 조금이나마 도움이 되기를 간절히 바란다.

왜 함부로 만지고 훔쳐볼까?

ⓒ 사이토 아키요시, 2018

초판 1쇄 2018년 11월 23일 찍음
초판 1쇄 2018년 11월 30일 펴냄

지은이 | 사이토 아키요시
옮긴이 | 서라미
펴낸이 | 강준우
기획 · 편집 | 박상문, 김소현, 박효주, 김환표
디자인 | 최원영
마케팅 | 이태준
관리 | 최수향
인쇄 · 제본 | 대정인쇄공사

펴낸곳 | 인물과사상사
출판등록 | 제17-204호 1998년 3월 11일

주소 | 04037 서울시 마포구 양화로7길 4(서교동) 2층
전화 | 02-325-6364
팩스 | 02-474-1413

www.inmul.co.kr | insa@inmul.co.kr

ISBN 978-89-5906-510-3 03330
값 13,000원

이 도서의 국립중앙도서관 출판예정도서목록(CIP)은 서지정보유통지원시스템 홈페이지
(http://seoji.nl.go.kr)와 국가자료공동목록시스템(http://www.nl.go.kr/kolisnet)에서
이용하실 수 있습니다. (CIP제어번호: CIP2018036534)